Ser Angelical

LA AUTORA

Mabel Iam nació en Argentina, es terapeuta y ha sido conductora y productora de programas de televisión y radio en Estados Unidos. Su trabajo es reconocido en varios campos de la investigación científico-religiosa. En 2003 recibió el premio Latino Literacy Now, por el mejor libro de autoayuda *Qué hay detrás de tu nombre.* Su obra *El amante perfecto,* ha sido traducida al inglés, portugués, checo y húngaro.

Mabel es la autora de numerosos libros de Autoayuda, Astrología y Angelología. Es columnista de revistas y diarios, escribe artículos relacionados para reconocidos sitios en la red mundial y es experta en temas de Astrología y Sexología.

CORRESPONDENCIA CON LA AUTORA

Para contactar o escribirle a la autora, o para mayor información sobre este libro, envíe su correspondencia a Llewellyn Español para serle remitida a la misma. La casa editorial y la autora agradecen su interés y sus comentarios sobre la lectura de este libro y sus beneficios obtenidos. Llewellyn Español no garantiza que todas las cartas enviadas serán contestadas, pero le asegura que serán remitidas a la autora.

Por favor escribir a:

Mabel Iam
℅ Llewellyn Español
P.O. Box 64383, Dep. 0-7387-0633-7
St. Paul, MN 55164-0383, U.S.A.

Incluya un sobre estampillado con su dirección y $US 1.00 para cubrir costos de correo.
Fuera de los Estados Unidos incluya el cupón de correo internacional.

MABEL IAM

Ser ANGELICAL

TRANSFORME SU VIDA HACIA EL CONOCIMIENTO DIVINO

Llewellyn Español
St. Paul, Minnesota

PRIMERA EDICIÓN
Primera impresión, 2005

Edición: Edgar Rojas
Diseño del interior: Alexander Negrete
Diseño de la portada: Kevin R. Brown
Fotografía de la portada: Photos by PhotoDisc & Brand X Pictures

Library of Congress Cataloging-in-Publication Data (pending).
Biblioteca del Congreso. Información sobre esta publicación (pendiente).

ISBN 0-7387-0633-7

Llewellyn Español
Una división de Llewellyn Worldwide, Ltd.
P.O. Box 64383, Dep. 0-7387-0633-7
St. Paul, MN 55164-0383, U.S.A.
www.llewellynespanol.com

Impreso en los Estados Unidos de América

$\mathscr{A}$GRADECIMIENTOS

Agradezco con todo mi corazón a cada Ser Celestial.
A mi amiga María Dos Santos, que ofreció su vida a iluminar a los demás.
A mi esposo Greg.
A mis ancestros.
A Mokichi Okada.
A Johrei Center.
A Izunome Asociation.
A María Ferrantes.
A Sandra y Carl Weschcke.
A María Fiorenzano.
Gracias a Ezequiel, Manuela y Caterina pude reconocer a los niños de luz con sus ojos de soles.
Mis bendiciones.

$\mathcal{T}$ABLA DE CONTENIDO

Capítulo 3: Cómo sanar nuestra vida con los Ángeles

Capítulo 4: Viviendo con los Ángeles

Capítulo 5: Transforma tu vida en milagros

PRÓLOGO

Anhelo llegar a ti.
Trascender el tiempo y el espacio.
Volar con mi alma sin límites,
y observar la vida a través de tus ojos.
Desde la profundidad de tus pupilas
contemplar el universo.
Alcanzar a deslumbrar a la humanidad
con tu tierna, pura, luminosa y bella mirada.
Comprender la transformación
de la naturaleza, de la materia,
y ser uno con el Espíritu Creador
de todas las cosas.
Quiero llegar a unirme contigo,
convertirme en eternidad, creación,
silencio y amor.
Sueño ser tu melodía.
Aspiro, como tú,
estar siempre cerca del Padre
y renacer en tu nombre
como un Ser Celestial.

Mabel Iam

Introducción

Si deseas vivir y conducir al resto de las personas
al Paraíso Terrenal, es necesario primero
elevarte a ti mismo, y convertirte en un Ser Celestial.

Mokita Okada

—Extraído del libro *Cimientos del Paraíso.*

A MIS AMIGOS LECTORES

Esta obra tiene como objetivo, anhelo y propósito fundamental que cada lector logre la iluminación y el mágico encuentro con su mundo interior a través de la energía espiritual.

Todos los seres humanos deseamos comprender el sentido o la misión de nuestra propia vida. Habitualmente esta compresión del propósito de nuestra existencia se realiza y mide tomando en cuenta los valores que establece la cultura donde cada persona interactúa.

Cada individuo para comprender su realidad —su pasado, presente y futuro— recurre a una escala de principios, buscando el sentido de su existencia en su propia seguridad material, social, espiritual y afectiva. En esta valorización se incluyen, por supuesto, las personas con que se relaciona. Estas creencias o valores son códigos que nos van apartando o acercando a nuestro núcleo interno. También los factores que influyen en estos valores están impulsados y motivados por nuestra libre elección, por el compromiso interior, y por los proyectos de vida que elegimos o adoptamos a cada momento. A través de este conjunto de elementos que se entretejen en forma ilimitada y creativa podemos realizarnos en todos nuestros planos vitales. Sin duda, estos valores o patrones son los que construyen la realidad de cada ser humano, sin importar cuál sea la raza, religión o dogma. Estos preceptos son universales y se fundamentan en cuatro hechos primordiales y centrales de la experiencia humana:

1. La realidad: cómo la percibimos, y qué significa para nosotros.

2. El conocimiento de las capacidades o herramientas que poseemos, materiales y espirituales, para manejarnos dentro de esa realidad que determinamos.

3. Las relaciones: la primera, con nosotros mismos y con los demás, en general; dentro de todas las áreas nuestra realidad.

4. Los ciclos naturales de la existencia universal: que trascienden los valores y creencias de nuestra realidad. Cómo experimentamos y procesamos estos ciclos que devienen y acontecen en si mismos, ya seamos conscientes o no de estos procesos.

Basándome en estos patrones fundamentales he realizado mi libro. En el primer capitulo describo cuáles fueron los motivos internos y externos que me llevaron a realizar esta búsqueda interior. Podrán conocer y considerar por ustedes mismos, a través de mi historia personal *cómo la realidad de mi vida* se basa en la observación y en el auto-conocimiento del Ser Interior. Esta constante revelación ha sido y es el arte, la tarea más importante y mi único sostén. Comienzo y prosigo avanzando cada día con espíritu aventurero, dispuesta a aprender, y con el inocente anhelo de buscar preciosos tesoros, que los encuentro en cada oportunidad que enfocó mi mirada hacia mi cofre interior. Esta actitud de viajera del alma me alivió y ayudó a vivir cada etapa con la naturalidad y con la madurez que necesitaba en cada ocasión, no solamente para mi propio provecho sino para ayudar a los demás, que es mi vocación natural. Cuando conocemos nuestra personalidad y sus límites, comenzamos a escuchar el rumor constante y tierno del alma detrás de cada acción, pensamiento, o sentimiento y aprendemos de cada experiencia su lección, convirtiendo estas enseñanzas en frutos sabrosos del árbol de la vida. En cada uno de nuestros trayectos, aprendizajes o recorridos somos el barco, el navegante, el mar, el cielo, somos cada estrella que nos va guiar al puerto final. Podemos diseñar y recrear nuestro equipo, espacio y tiempo sin limitaciones, tomando como equipaje las herramientas del conocimiento interior, emprendiendo un nuevo vuelo, el único y más extraordinario viaje, la aventura más sabrosa que el ser humano pueda saborear y arribar al verdadero hogar, donde reside la única savia que nos nutre, en ese espacio donde los Seres Celestiales cocinan sus manjares para compartir con nosotros.

Diseñé mi libro transcendiendo las teorías, que no siempre son amenas y parecen carentes de vida.

En el primer capitulo describí mis relaciones con las personas que fueron y son parte de mi realidad personal. Siempre exploré y caminé por la vida tratando de trascender las circunstancias externas, porque en general estas experiencias son oscilantes como un péndulo. Mi pasión desde mi infancia es escribir poesías, pero fundamentalmente, aforismos, que son breves palabras que poseen un poder simple y esencial, son semillas de luz, pensamientos y sentimientos o verdades profundas. Introduzco en estas cortas oraciones, el reflejo esencial de *mi realidad*:

A través de mi viaje o experiencia espiritual, tomé conciencia de que había sido un navegante por el mar de la existencia. Atravesé playas suaves y dulces olas, tormentas, puertos y huracanes buscando incansable el faro que ilumine mi viaje, pero mi alma con su eterna sabiduría, encontró al Sol.

La personalidad (el navegante) se identifica y siempre busca la forma física (el faro). Por este motivo la personalidad se centra en esa meta concreta a alcanzar, y en ese recorrido se pierde, aísla, colocando toda su atención en ésta, sin embargo, la esencia encuentra y vive en el Ser Celestial (El Sol) que realmente somos. La parte más pura de nosotros añora que podamos integrar la conciencia y retomar el Paraíso perdido que habita en nuestro cielo interior. Cuando encuentras el Sol, la meta se convierte en la totalidad y la Guía Divina alumbra cada paso y por ello, no es necesario preocuparnos por las pequeñas cosas que siempre invaden y bloquean nuestra preciosa realidad. El Sol cuida de nosotros para siempre, si abrimos nuestra conciencia a esta posibilidad. La personalidad es como un niño que está aprendiendo a caminar y se cae, o se tropieza. El Ser Celestial es como un padre que sabe perfectamente cómo conducir al niño sin ningún inconveniente. Si nos entregamos al Sol el viaje es perfecto, el mar es calmo y transparente y el trayecto placentero.

Presento mi libro como un sistema diario espiritual y práctico que contribuye desde lo cotidiano a iluminar las partes más profundas de nuestro ser. Con el propósito de desarrollar la esencia espiritual cada capítulo posee diferentes técnicas y métodos concretos que están explicadas de una forma clara y sencilla. Estas herramientas son el resultado de diferentes conocimientos aprendidos a través de mi experiencia interior, y gracias a las miles de personas que tuve la posibilidad de ayudar y enseñar utilizando estos recursos. También esta obra es la elaboración del material sobre experiencias que he publicado en diferentes espacios, desde revistas, artículos, diarios, libros y que mis lectores comparten conmigo a través de mi website. Cuando los lectores me comentan el desarrollo que atraviesan y sus éxitos concretos, gracias a mis mensajes, respuestas o notas, recupero y completo el círculo con un amor tan inmenso que expande mi alma.

Diseñé esta obra creando distintas meditaciones, visualizaciones, canalizaciones y trabajos desarrollados en talleres, cursos, conferencias o seminarios, que tuve la oportunidad de trasmitir en mis viajes por el mundo.

Confío que vibren con el mismo sentimiento que me impulsa a abrir mi corazón hacia ustedes. Mis manos desean tocar como un músico una exquisita melodía, y llegar a ustedes más allá de estas letras. Gracias al dulce instrumento que es mi libro les confieso que cada mensaje o palabra que encuentren en mi texto no es una teoría o una hipótesis; es la práctica profunda, inspirada, concreta, una síntesis de la totalidad de mi Ser.

Agradezco a los lectores la silenciosa compañía y amorosa recepción de mis humildes relatos y conocimientos. Anhelo con todo mi corazón que a través de estas páginas puedan encontrar el verdadero, infalible, magnífico, celestial, divino y único destino que les pertenece.

Capítulo 1

EXPERIENCIAS DE VIDA CON PROTECCIÓN ANGELICAL

Los Ángeles se presentan en mi vida
como un gran juego de palabras.
Muchas veces como imágenes,
otras como melodías
y siempre como susurros plenos de
ternura, frescura y amor.
En cada contacto angelical experimento
diferentes lecciones que irradian
colores y perfumes.
Estas enseñanzas son flores mágicas
que iluminan mi jardín interior.

Mabel Iam

Algunos comienzos

Este libro tiene la intención de dar claves para lograr vivir en plenitud con la asistencia angelical que nunca nos abandona, a pesar de todas nuestras resistencias a vivir mejor.

La idea es llegar a identificar cómo trabajan los Ángeles en los planos espirituales y así lograr Ser tan Celestial como nuestros guardianes y protectores de cada día. Para concretar este objetivo el lector tiene que conocer quién soy y por qué llegué a esta conclusión.

Deseo comenzar este capítulo con referencia a mi pasado porque creo y siento que nunca voy a perder el verdadero amor, el amor a mí misma. Mi vida siempre estuvo marcada por una rara convivencia entre el amor y la posible pérdida del mismo. Un día decidí entregarme al temor de perder hasta mi propio amor. Y allí, colgada del abismo de una muerte y mil resurrecciones internas, los Ángeles comenzaron a darme sus enseñanzas en forma de respuestas. Sus mensajes luminosos curaron las heridas más profundas de mi interior, sanando con amor y plenitud los rincones que estaban completos de oscuridad y muerte. Los mensajes internos me enseñaron a comprender mi alma, conociendo mis armonías. Aprendí hasta dónde uno puede descubrirse y explorar su interior con la ayuda siempre alerta de la guía interna y con la asistencia de excelentes maestros espirituales. Así fui revelando mi propia historia. Así la cuento, para que cada uno pueda revelar la suya.

Mi memoria

Cuando "reciclaba" mi vida en mi memoria traté de abandonar la costumbre de escribir y contar la historia de uno mismo como un guión de película de mitos o dramas. Evité idealizar tanto lo positivo como lo negativo al recordar momentos de nuestro mundo personal. Creo que nosotros inventamos o sobre valoramos episodios que en realidad fueron más simples. Los dramatizamos porque queremos vernos como héroes inmortales. Este es, a mi juicio, uno de los factores o justamente la causa de nuestros sufrimientos: darle un peso mayor o marcado a cada acontecimiento del pasado. Por una falsa idealización de nuestros actos adoptamos posturas opuestas, conflictivas o de excesiva soberbia que nos alejan de la realidad —o lo que es más terrible— de nuestros Seres amados.

Sabemos que nuestra alma nace como un vehículo tan perfecto, que está construido por el Plan Universal con el conocimiento para llegar al único puerto que nos está destinado. Aunque nuestro ego intente hacernos perder el camino real, igualmente llegaremos a destino. Las trampas de la mente van de una escala de pequeñas a infinitas magnitudes. Por ejemplo, cuando buscamos algo y nos dispersamos pensando en otra cosa, o nos ponemos a hablar por teléfono porque justo en ese momento alguien nos llama. Al finalizar de hablar, queremos recordar a dónde nos dirigíamos o qué cosa íbamos a buscar y no lo recordamos, caímos en la distracción. La vida, salvando el ejemplo tan simple y usual, puede ser un permanente abismo o laguna mental que nos desvía de nuestro verdadero propósito.

Todos los humanos sufrimos por la misma causa: no conocer, o a veces olvidar, el recurso único que tenemos para alimentarnos. La esencia y el principio fundamental de todo lo que existe: *el amor.*

CADA UNO ATRAE LO QUE DESEA

A través del estudio de miles de cartas natales que reflejan el alma y su propósito en cada ser, llegué a la conclusión que el individuo es el arquitecto de su propia vida. Y es un arquitecto libre, aceptando que la libertad es estar dentro de las leyes de la Totalidad Universal. Como las estrellas son libres en la órbita que giran, pero están dentro del Universo que se va creando infinitamente, en una interdependencia permanente y constante. El Universo que habitamos también surge de las acciones, pensamientos, deseos y sentimientos de cada ser dentro del cosmos. Porque estas acciones o movimientos no solamente tienen consecuencias dentro del medio en que se originan, o sea dentro de nuestra vida, sino también mas allá de nuestro propio conocimiento. Esta idea forma parte de lo que se llama *Karma**. Un concepto de origen oriental que explica muy bien las leyes o principios universales. El karma es la ley de causa y efecto por la cual un individuo conforma su destino: Simplemente uno genera o atrae lo que le sucede. Este tema ocupó un lugar central en casi todas las filosofías y religiones. El karma no está relacionado en absoluto con la palabra pecado, con la cual

---

* Ver Glosario

se la asocia erróneamente en Occidente. La palabra pecado tiene su origen en el griego y significa "errar a la meta". Los orientales no manejan ese código de juicio.

El karma, en principio, se basa en el pensamiento. ¡Qué sencillo sería cambiar nuestro destino de vida cambiando meramente nuestros pensamientos! Existe una ley maestra esotérica que explica que la energía sigue al pensamiento. *Donde está tu energía, es allí donde te encuentras* (aunque sea a mil kilómetros del sitio donde se halle tu cuerpo). Por esta razón nuestro pensamiento no siempre está en coherencia con nuestro estado físico o emocional. Aunque ningún pensamiento es una isla en sí mismo. Un pensamiento siempre lleva a otro y éste, a su vez a otro y así sucesivamente. La presencia concreta de una persona no es necesariamente el lugar físico donde se encuentra, el verdadero lugar donde se encuentra su conciencia es donde sus sentimientos, pensamientos y emociones se presentan. Por ello, a medida que pasan los años, resulta inevitable que uno acabe convirtiéndose *en todo lo que ha pensado*.

A través del pensamiento y del sentimiento el individuo va materializando hasta el más mínimo detalle que en algún momento imaginó. Es interesante notar que cuanto más tiempo uno sigue una línea de pensamiento particular, más aportan y llegan a su vida las personas cuyos pensamientos multiplican esa idea original. Esto es muy importante en el tipo de relaciones que elegimos.

De este modo, uno va compartiendo los pensamientos y sentimientos con los demás, y así se refuerza la idea de los pensamientos o de la propia identidad que cada sujeto ha pensado de sí mismo. Tenemos que comenzar a observar —y a veces cambiar— nuestras creencias o pensamientos. Transformar nuestra vida es la posibilidad y el potencial más maravilloso y genuino que poseemos para vivir cada vez mejor y servir a los demás como parte de nosotros mismos.

El único entretenimiento que nos brindará abundancia infinita es aprender a conocernos y valorarnos como Seres Creadores. Y así podremos *cosechar todos los frutos del árbol milagroso que crece en nuestra plataforma interior.*

LOS TEMAS CENTRALES

Después del estudio interno y externo sobre el destino de nuestra existencia pienso y siento que la vida es un bello aprendizaje de muchas situaciones que abarcan unos pocos temas. Estos ejes vitales —pocos, pero centrales para la existencia— se van presentando como episodios diferentes, capítulos de nuestro *libreto personal* tras los cuales se oculta siempre un pensamiento o creencia respecto de nosotros mismos. Aunque las personas que dramaticen estas escenas sean diferentes y posean distintos rostros, detrás de ellas siempre están —de alguna manera— los arquetipos internos que debemos enfrentar y conocer.

Las personas con las que nos relacionamos tienen la función de reforzar o enseñarnos la manera en que los personajes internos de nuestro inconsciente se relacionan entre sí. Estos personajes que se reflejan en la pantalla de la vida, en realidad son arquetipos que habitan y son parte de nosotros, por ejemplo, los maestros del colegio, las personas que nos rodean, familiares, pareja, amigos, compañeros de estudio o de trabajo. Ellos nos enseñan aquello específico que tenemos que aprender, lo que hemos denominado *temas centrales*, como son: el amor, el poder, el conocimiento, el apego, la apertura, la aceptación, la verdad, la limitación, la autoconciencia, el servicio a los demás, el vampirismo, el sometimiento, la impotencia.

En general, estos son los aspectos que integramos, experimentamos y aprendemos en el proceso de vivir.

Teniendo en cuenta la experiencia de mi vida llegué a la conclusión que mi tema está relacionado con el amor y el autoconocimiento, aceptando cada día la unión con la Creación. En el capitulo 6 explicaré en profundidad cómo los sueños nos ayudan a conocernos profundamente, cómo nos revelan con la sabiduría de nuestro guía interno todas las partes del holograma de las temáticas que tenemos que aprender en nuestra vida. Continuando con los temas centrales de mi historia personal describiré algunos sueños que me enseñaron a conocerme mejor.

En el año 1987, tuve un sueño muy significativo para mi vida. En la imagen onírica se encontraba un maestro con una túnica naranja que me materializaba y entregaba una pequeña esfera de oro. El maestro se expresaba de esta forma en el sueño:

—Esta esfera muy brillante y bien terminada— me dijo el maestro señalando el oro —este es el mineral más admirado, simboliza la alquimia perfecta que el hombre ha logrado. Es el oro, continuó explicando, igual al lujo del ego y su brillo, provoca atracción a la personas—.

Luego de esta afirmación, el maestro corrió un interminable telón donde se podía ver un océano azul, transparente e infinito. Continuó el maestro su enseñanza.

—El universo te brinda la oportunidad de escoger. Tú puedes elegir entre la imagen del brillo personal o el mar, que representa la inmensidad del espíritu. Una es llamativa y reconocida por todos los que puedan ver su esplendor. La otra es una elección rica por su grandeza y sabiduría, pero es exclusivamente para tu evolución, no participa nadie más—.

Así finalizó su explicación:

—El mar también representa el amor incondicional, la Gran Madre—.

Indudablemente hice una elección. Me fui camino hacia las aguas, que pueden envolverme y completarme con amor. Con esto enriquezco mi espíritu, porque el oro es demasiado frío como para encontrar refugio en él. Puedo ir experimentado la inmensidad en el bello proceso de elegir y purificar aquello que debo aprender con la libertad que me permito. A través del autoconocimiento logré superar el miedo a nadar en el infinito amor, que habita dentro de cada uno de nosotros, a pesar de las oscuridades y de las falsas muertes.

Mientras escribo este libro sentada frente a la ventana de mi departamento, mirando la playa y el mar, este sueño me crea un sentimiento de agradecimiento cada día más profundo hacia la Divinidad y a los Ángeles protectores que guían mi camino.

LAS REALIDADES DEL ALMA

Este otro sueño que relataré a continuación fue la confirmación más clara del trabajo interior de toda mi vida. La primera imagen que apareció en mi sueño, estaba contemplando un lugar con un suelo de tierra volcánica, era un lugar post-apocalíptico, mientras caminaba percibía el espacio lleno de humo y vapor. Se respiraba el olor de la muerte. Percibía una extraña sensación como la presencia de espíritus o espectros ocultos detrás de esa neblina, y algunos cadáveres desparramados por el piso. Luego en la segunda escena, me veía a mí misma, con la imagen cuando era niña, caminando por ese lugar. Me llamaba la atención que mi cabello era de color rojizo —mi cabello es castaño— igual al de mi abuela materna, mi gran Maestra. Aparentemente buscaba algo entre los muertos, quizás a mis padres o a alguien que me protegiera. Me sentía perdida en ese lugar, pero no detenía mi búsqueda, fiel a mi naturaleza inquieta y curiosa, desde mi infancia. En la imagen onírica la niña proseguía observándome y percibiendo el lugar que la rodeaba con la seguridad interna que encontraría amor y protección, más allá de la imagen patética por donde se desplazaba. Dentro de ese extraño espacio —que era como la imagen de un lugar destruido después de una guerra— repentinamente aparece una madre buscando a esa niña perdida. Esa madre era yo misma, otra vez, pero con mi figura de adulta. La imagen de la madre corre al encuentro de la niña, que también soy yo misma. La imagen adulta toma entre sus brazos a la niña y le dice tiernamente:

> —Mabel, yo te prometí que nunca te iba a abandonar y que siempre te acompañaré, hasta la eternidad. No busques más entre los muertos. Yo estoy aquí, ahora y siempre, para consolarte y protegerte. Jamás te voy a abandonar. Yo te amo y siempre estaremos juntas, porque somos una sola—.

Recuerdo que mi niña interna abrazó la figura de mi imagen de adulta. Todo el sueño se diluyó en un blanco bellísimo, casi transparente. Sentí que las dos imágenes se unían en otra dimensión espiritual, más profunda de mi percepción luego en estado de vigilia.

Me sentí muy feliz porque a través de ese sueño confirmé todo mi trabajo interno en el plano psicológico y todo mi trabajo espiritual de transformación. Meditando con mi carta natal y con otras técnicas psicológicas y espirituales, experimenté una alquimia con mi propio ser.

Quizás, el maestro en el sueño que relaté con anterioridad me había brindado la clave del conocimiento de la transformación perfecta de la materia (el oro). La alquimia, en este nuevo sueño, expresaba una mágica transmutación, una verdadera fusión interior. Al analizar el sueño, sentí que había logrado que mi personalidad pequeña y mi alma se unieran para siempre más allá de mis pensamientos, carencias y creencias. Mi percepción era totalmente clara y translúcida. El sueño me enviaba un mensaje de integración interior, siendo ésta la única forma de comprender mis carencias.

AMAR Y CURAR TODA HERIDA

Tanto la muerte como el amor siempre tuvieron un lugar central en mi vida. Antes de la revelación del sueño que relaté podría afirmar que la muerte fue mi propia madre. Con ella comía, con ella jugaba, le hablaba y hasta dormía, por motivos personales que expondré más adelante en este capitulo. Analizando la palabra muerte como concepto, puede verse claramente que está directamente enlazada al tema más importante de mi vida: el amor. En latín, la palabra *amor*, significa y se compone de esta forma: *a* (sin), *mor* (muerte). La muerte simboliza el desaliento, el límite que provoca la ingratitud, la barrera del miedo que obstruye toda relación con la vida.

En cambio, el amor a la vida y la comprensión de sus cambios es lo que me permite seguir el camino inagotable de la exploración del mundo interno. Compartir con ustedes mis experiencias y aprendizajes sin temor a la muerte y con amor a la totalidad de la existencia es mi función y misión.

Amar es integrar a cada persona que se presenta en nuestra senda, como parte de nuestro universo. Sabiendo que ese ser nos trae un mensaje espiritual, desde una enseñanza angelical o un reflejo de nuestra conciencia o inconciencia de la forma que nos relacionamos, básicamente con nosotros mismos.

Creo y estoy convencida que cada encuentro con una persona —alma— tiene como función recordarnos nuestra naturaleza divina.

En esta experiencia maravillosa de relatar mi vida, advierto las presencias de los seres con quienes compartí mi historia personal, algunos de ellos ahora pasaron al plano espiritual y continúan siendo parte del gran tesoro de sentimientos que nutre mi verdadero ser.

MI FIEL ABUELA

Recuerdo especialmente y con gran amor a mi abuela materna, María. Ella vivía con mi familia: mi madre, mi padre, mi hermano y, por supuesto, conmigo. Aunque a veces me sentía extraña o de otro planeta, yo también era parte de la familia. Mi abuela dormía conmigo, ocupábamos el mismo cuarto.

Con ella compartí mis sueños, visiones, deseos. También fue mi compañera en las infaltables oraciones nocturnas que desde muy pequeña realizaba sintiendo siempre una maravillosa adoración y devoción hacia la Divinidad. Ahora de adulta, con otra forma y conocimiento, mantengo la misma esencia, con una devoción continua siendo la Divinidad mi alimento y fortaleza. Todos los sentimientos que experimenté con mi abuela en la intimidad de mi niñez marcaron la mayor parte de mi vida. Su historia personal siempre me impactó y maravilló. A los dieciocho o veinte años desde Argentina había viajado a Rusia en barco, sola con sus dos hijos mayores, mis tíos. Deseaba visitar a sus padres porque los extrañaba. En el tiempo de su estadía en Rusia se declaró la I Guerra Mundial y no pudo volver a la Argentina para reencontrarse con mi abuelo quien fiel y dulcemente esperaba su regreso, sin recibir noticias de ella, ni de sus hijos. Luego se reencontró con él en Buenos Aires, Argentina y nació mi madre. Creo que esa historia me marcó una enorme idealización respecto al mutuo amor y a la fidelidad de una pareja.

Recuerdo a mi abuela leyendo y en su mundo interno. Creo que me identifiqué totalmente con ella. Su devoción por Dios y por la providencia era infinita. Nunca se dormía sin antes saludarme y decirme: *Mabelita sueña con los Angelitos*. Y, por supuesto, nunca olvidé hacerlo. Siempre fui obediente con aquello que me gustaba, por eso a mi abuela la aceptaba y obedecía.

Cuando fui adulta, a través de mi contacto con los Ángeles me di cuenta de que tanto el gozo como la alegría es la obediencia más real y fiel que podemos brindarle a nuestra esencia o naturaleza interior.

Mi abuela marcó mi infancia hasta su muerte, cuando yo tenía doce años. Recuerdo nuestra última conversación con tanta nitidez como si estuviera hablando con ella en este mismo momento. La llamé por teléfono porque se había quedado por unos días en la casa de mi tía. No me escuchaba porque yo estaba muy resfriada. Entonces me cortaba. Y yo la volvía a llamar. Cuando corté por última vez, frustrada porque no lograba escucharme bien, me dije a mí misma —"nunca más voy a escuchar a la abuela"—. Lamentablemente así fue. Mi pequeña alma reconoció la última posibilidad de diálogo con ese ser tan amado. Ella generosamente decidió partir de este mundo sin dormir a mi lado como siempre lo hacia. Prefirió morir lejos, para que no sufriera. Por ello se alojó en la casa de mi tía en sus tres últimos días de vida. Cada vez estoy más convencida que el alma elige la manera y el momento de partir hacia el mundo espiritual. Y mi abuela, así, lo hizo.

El presentimiento de no poder verla más me hizo sentir tanto poder como temor. Recuerdo que cuando corté con ella lloré sin poder detenerme por un largo tiempo. Esta característica no era habitual para mi personalidad, ya que por mi historia y mis corazas emocionales en aquel tiempo, a pesar de tener doce años raramente expresaba mis debilidades y tampoco tenía tendencia a llorar.

Mi adolescencia fue muy dolorosa porque perdí un gran amor. Hasta ese momento mi más dulce amiga. Su ausencia marcó un gran dolor interno y aún hoy —después de tantos años de no compartir con ella mi vida— todavía me emociono al nombrarla. Mi abuela, mi maestra espiritual, me había dejado por legado la fe, el amor incondicional y la devoción al Creador. Además, me enseñó a orar cuando era tan pequeña que apenas podía expresar algunas palabras.

Mi madre, extraña y bella

Mi madre se llamaba Florinda. Unas de las personas más increíblemente magnéticas y atractivas que yo he conocido. La recuerdo siempre elegante, coqueta y seductora. Desde que tengo memoria estuvo siempre enferma. Sufrió muchas operaciones graves y siempre la acompañé en su largo sufrimiento.

Yo sentía que su vida era una búsqueda permanente de enfermedades más complejas. Los constantes padecimientos de mi madre son mi razón para proseguir, sin descanso, investigando todas las técnicas de curación de las enfermedades o el alivio del sufrimiento emocional y físico.

Mis distintas terapias psicológicas me llevaron a comprender los falsos manejos que mi madre realizaba con sus enfermedades. Pero lo más importante es cuánto la amé y cómo ella me amó. Cuando comencé a interesarme por el tema de la sombra y del inconsciente descubrí que mi madre, de manera instintiva y con total inocencia por su inmensa e insaciable necesidad de amor, había vampirizado a mi padre, a mi hermano y a mí.

Yo la perdoné por todos sus sentimientos, pero básicamente me perdoné a mí misma por los míos. Yo sentía permanentemente la amenaza mortal y que reforzaba con sus palabras: "voy a morirme si no sucede tal cosa, o si no me ayudas, o si me creas problemas, o si no comprendes". La posibilidad de la muerte estaba siempre en la boca de alguien en mi hogar y era tan permanente el sonido o la mención de esa palabra, que ésta se convirtió en una compañera más en mi vida.

En una oportunidad, padeció una hemorragia arterial y yo tuve que detenerla. Es muy doloroso comentar las siguientes escenas que protagonicé con mi madre. En sus últimos años de vida le realizaban diálisis*, porque padecía de una grave insuficiencia renal, y la misma la realizaban a través de su brazo. Los médicos le habían creado una fístula*, un canal elaborado artificialmente, en una zona de su brazo que tenía como función unir las venas y las arterias para conectarla al cable de la máquina con la cual le realizan la hemodiálisis. Debido a una infección que sufrió en esa unión, el canal de su brazo explotó y se abrió por completo, sobreviniendo una hemorragia arterial y venosa. La sangre de su brazo no se detenía, era la peor de las pesadillas que una hija puede vivir. Observar cómo su madre de desangra, gritando de dolor y desesperación hasta el desmayo. Permanecí junto a ella unos eternos 45 minutos tratando de invocar luz, orando a los Seres Celestiales y sosteniendo, al mismo tiempo, su brazo presionando en la zona de la hemorragia para detener el flujo sanguíneo. Comprendí, al salvarle la vida, en esos dramáticos minutos, que la invocación de la energía Divina me ayudó a tomar decisiones con fortaleza, y gracias a esa devoción pude salvar a mi madre.

Trascurrieron durante toda la vida de mi madre diferentes situaciones más o menos dramáticas como la que he relatado. Traté siempre de canalizar al máximo la energía amorosa para salvarla y mantenerla viva. Esta situación casi siempre resultaba dolorosa para mí. Porque tenia que luchar con ella misma, con esa extraña búsqueda compulsiva hacia su autodestrucción.

Nunca la comprendí. Tenía un esposo que la amaba y dos hijos que la adoraban. Pero su salud siempre la traicionó. Quizás buscaba reencontrar en la muerte a su padre: lo había perdido a los catorce años y nunca había

---

* Ver Glosario

logrado superar ese dolor. O se sentía rechazada por su madre que, según ella, no había deseado su nacimiento. Es difícil de precisar las razones reales que la llevaban a estar siempre gravemente enferma. Su energía física y emocional era como vampirizada por alguna razón que la angustiaba, y no quería ser asistida por ningún médico en el campo psicológico. Negaba toda posibilidad de problemas más allá de lo aparente. A pesar de todo, la había llevado casi obligada a psicólogos o médicos de esa área. Pero no funcionaron esas consultas, por supuesto, sin la voluntad del paciente, estas terapias no tienen validez.

Los últimos diez o doce años de su existencia los viví siempre entre sanatorios y ambulancias. No era exactamente tristeza lo que me provocaba, sino una sensación de que la vida y la muerte eran enemigas dentro de mi propio ser. No deseo comentar sólo de las enfermedades que padeció mi madre, ni de los momentos dolorosos porque también recuerdo escenas tiernas y hermosas, como el día que me confesó cuánto había deseado tener una hija como yo.

Mi madre también fue mi gran maestra porque su autodestrucción casi permanente provocó en mí una reacción contraria: un interés enorme por la vida y el desapego al sufrimiento. Creo que encontrar la verdad y la forma de protegernos de lo negativo es revelando y dando luz a nuestras sombras internas para alcanzar serenidad y paz en nuestro interior.

UN CUENTO MISTERIOSO

Mientras escribía el libro sobre el mecanismo del vampirismo en 1997 pasaron hechos transformadores en mi vida. Un hecho en especial fue llamativo, impactante y revelador.

Me cayeron "como del cielo" unas hojas escritas por mi madre. Ocurrió cuando yo estaba buscando entre mis anotaciones de toda la vida. Encontré dos o tres papeles que ya estaban amarillos. Al leerlos me emocioné porque simbolizan todos los mecanismos de autodestrucción de mi madre. Conscientemente o no, me había dejado estos papeles como testimonio de su sufrimiento infinito. En un momento de su vida sufrió una grave enfermedad que la dejó paralítica durante un tiempo. Después de casi un año, cuando se repuso como el Ave Fénix, prácticamente la obligué a que realizara un curso de teatro.

Ella estaba muy contenta con este estudio. Los papeles que encontré aparentemente pertenecen a esa época, a la clase de teatro. Son escritos de su puño y letra que llevan su firma. Encontré en los papeles escrito un cuento, que ignoro si lo escribió ella misma o si le fue relatado para interpretar en su curso de teatro. El cuento comienza de la siguiente forma:

Había una vez un rey que se llamaba Almonacid. Era un rey muy débil, manejado por un dios, que se llamaba Yitom.

Este dios no tenía piedad. Le ordenaba y obligaba al rey a castigar duramente a su pueblo. Ante cualquier situación conflictiva dentro de su reino, Almonacid mandaba a castigar duramente a los habitantes. El castigo era cortarles partes de su cuerpo. Por ejemplo, si una persona se negaba a realizar alguna orden, la castigaba con la amputación de un brazo, una pierna, un ojo . . .

Dentro del reino también habitaba una sacerdotisa, que se revelaba ante la conducta del rey. Pero Almonacid le temía tanto a Yitom que cumplía los castigos cada vez más injustamente, ya casi sin motivo.

Un día, después de cometer atrocidades cada vez más horrorosas, el rey ya no pudo soportar la maldad y la injusticia con la que venía sometiendo a la gente de su propio reino. Sus habitantes parecían mutantes amputados que caminaban llenos de pánico. Entonces decidió enfrentar y vencer a Yitom. Lo buscó en el cielo, en el centro de la tierra, en los animales, en los humanos y hasta pidió la ayuda de la sacerdotisa para poder encontrarlo. Ella no supo responderle.

Almonacid se retiró a su castillo y empezó a meditar sobre cómo encontrar a ese dios tan cruel. Después de varios días y noches observando el Universo buscando respuestas, comprendió que Yitom sólo era esa parte diabólica que los seres humanos necesitan tener para no vivir en paz. Este dios habitaba dentro de él mismo. Para seguir sufriendo, para seguir creando obstáculos y no lograr la felicidad. Entonces liberó a su reino y destruyó todos los ídolos creados antes por orden del dios Yitom.

Llenó de flores (mi madre se llamaba Florinda) el castillo y todas las casas del reino y decretó fiestas sin fin. Su pueblo comenzó a vivir libre porque había encontrado la verdad. Cada uno se convirtió en dueño de su propio destino y sólo obedeció las leyes de su propio corazón.

Al final de ese relato tan maravilloso y misterioso que encontré días antes de finalizar aquel libro, mi madre, en el mismo papel había resumido e interpretado literalmente y había firmado, al final del escrito, de la siguiente forma:

"Es una filosofía que demuestra que la gente no sabe o no quiere vivir eliminando sus traumas, temores, tabúes y debilidades".

Florinda

Creo que el alma de los seres que amamos está ligada a nosotros por una red invisible e invencible. Cuando descubrí y analicé este relato mi alma vibró con sentimientos mezclados. Por un lado con alegría, pues era como reencontrar a mi madre en un momento donde ella estaba experimentando una nueva resurrección, y por otro lado con la comprensión profunda que yo estaba llevando a cabo el propósito de toda mi vida. Me sentí liberada de todo peso y con un amor cada vez más fuerte hacia dicho propósito. Mi confianza fue total. Interpreté el mensaje que algún Ángel o alguna parte mía quería revelar para comprender y amar mejor a mi madre.

El rey Almonacid era el alma que habitaba dentro de ella, y que quizás no dejó nacer. O tal vez toda su vida luchó contra ese dios interno que la fue amputando en cada operación, desde sus partes más intimas a sus órganos vitales. Ese dios tremendo que nunca encontró la obligó a sufrir y a ser víctima de sí misma. A pesar de que sus bellos ojos turquesa siempre miraban hacia el cielo, igual que en el relato de Almonacid, buscando la respuesta en el Universo, no la encontró. Ella no pudo, como el mandato de su nombre, llenar de flores su vida.

UNA CARTA DE COMPROMISO CON EL ALMA

Amada Madre:

Desde aquí y ahora te envío este mensaje. Con este libro y con aquellos que continúe escribiendo con la fuerza de tu espíritu y del mío, venceremos a todos los dioses que no tengan piedad y sigan creando sufrimiento. Efectuaremos este acto para redimir a ti y a todos los que sufren.

Te prometo que lograremos este objetivo y que algún día juntas celebraremos en el reino de la creación, una gran fiesta infinita. Seguramente estarás esperándome feliz, no solamente por nuestro encuentro, sino porque estoy cumpliendo mi promesa.

Un día me dijiste que me elegiste antes de nacer. Quizá en ese momento no lo interpreté bien, pero ahora te he comprendido. Supuse que me estabas quitando el acto de elegir libremente.

Ahora que conozco la verdad, creo que elegiste un alma tenaz y concreta para realizar tu sueño, una persona que no se detiene y sortea todos los obstáculos para cumplir la misión de dar luz y conocimiento a las almas que sufren.

Madre, mis eternas gracias por elegirme como tu hija.

Te amo.

Luego del fallecimiento de mi madre, me pregunté hasta qué punto tuve derecho de no dejarla morir. Permanentemente luché contra todo: con los médicos, las enfermeras, las nutricionistas y con ella misma. Tuve que hacerlo. Quizás su deseo era descansar de su sufrimiento. Sin embargo, no me arrepiento de todos mis intentos. Podría defenderla, una y otra vez, del vampiro que internamente la atormentaba. Sin dudas, volvería a hacerlo. Intentaría darle luz a sus sombras y a las mías. Porque la sigo amando, no sólo con mi corazón sino con mi vida entera.

Mi padre, mi mejor amigo

Mi padre se llamaba Salomón. Yo lo veía como un ser vital, tierno y al mismo tiempo violento, pero siempre muy sabio. Me encantaba discutir con él, especialmente cuando decía que no creía en Dios, pues según él, era un invento del hombre por temerle a la muerte.

¡Justamente a mí el destino me envió un padre semiateo! Pero, gracias a Dios, maravillosamente creyente en la vida. Lo que más admiraba en él era cómo cuidaba a mi madre, con una actitud de servicio sin pestañear.

Conversaba con él todos los días. Jamás se iba sin darme un beso o saludarme. Solamente una noche le pedí que no se despidiera de mí al día siguiente. Esa mañana siguiente fue el domingo más frío que mi alma recuerde, porque mi padre se marchó de este mundo físico para siempre. Quizás yo nunca quise despedirme de él. Después de su eterna partida lo vi, escuché y soñé millones de veces. El sueño que más se reiteraba era que tenía que cambiar su identidad, después de haber resucitado, porque nadie le iba a creer que había vuelto a la vida.

Un maestro espiritual interpretó que este sueño no sólo representaba mi necesidad personal que mi padre resucitara o volviera a la vida, sino que mi alma añoraba también la resurrección. Creo que todavía me gustaría oír sus consejos o su compañía, y observar sus ojos vivaces oscuros y penetrantes como deseando adivinar todos mis pensamientos.

Tres años antes de que mi padre falleciera, recuerdo una noche que retornaba del club donde jugaba fútbol. Yo tenía que salir y me detuve a mirarlo. Hacía con su mano como un camino en el medio de su pecho, recorriendo desde el cuello hacia el estómago. Era un gesto que realizaba siempre —según él— que había comido algo que no había digerido bien. Le manifesté antes de salir que me parecía oportuno consultar a un médico, pero él se enojó conmigo. Dijo que yo estaba exagerando y que se sentía bien. Mi madre estaba jugando a las cartas con sus amigas y tampoco advirtió nada extraño.

Pero yo lo obligué a ir al sanatorio. Cuando por fin lo revisaron, el médico me alertó de que estaba cursando un infarto y que tenía que quedarse internado en terapia intensiva, sin saber qué podía sucederle. Mi padre intentó irse afirmando que estaban todos locos, que a él no le dolía nada, que había ido hasta la clínica por cumplir con un capricho mío.

Por supuesto el médico lo obligó a quedarse internado. Cuando volví sola a mi casa, no podía creer lo que había pasado. Me dieron una bolsa de residuos con todas sus pertenencias, y yo quedé paralizada, pensando en todas las cosas que podían haber pasado si no hubiese obedecido a mi intuición. Creo que por las constantes enfermedades de mi madre no sólo desarrollé la intuición, sino también una especie de sensación de alerta como para estar lista y salir corriendo a extinguir cualquier fuego en cualquier momento o lugar. Después de ese acontecimiento, durante tres años tuve la oportunidad de repetirle mil veces por día lo mucho que lo amaba. Esa fue mi mayor recompensa.

Siempre recuerdo a mi madre y a mi padre. Me gustaría contar con ellos, hacerlos felices y verlos tan unidos como siempre. Pero deseo que esa unión sea enlazada por alegría y no por la emergencia de sucesos terribles y desdichados.

Mi hermano y mis sobrinos

Con mi hermano Rafael nos une un hecho fundamental, él nació el mismo día que yo, pero tres años después.

El hecho tan especial de compartir la fecha de cumpleaños, con mi hermano menor que además es muy diferente a mí. Sumado al miedo de la permanente amenaza de la muerte de mi madre —reflexiono ahora— son parte de las razones por las que he estudiado las ciencias espirituales, Astrología y también Psicología.

El tema fundamental que me une a mi hermano es el amor que yo siento por él, pero fundamentalmente, una gran pasión por sus hijos.

Mi primer sobrino y ahijado se llama Ezequiel. Cuando era chiquito se parecía al Principito de la novela de Saint Exupery, y tenía la virtud de decir todo lo que el otro quiere escuchar. Desde que nació me conmovió por su sensibilidad y su capacidad para escuchar y entender las cosas con madurez. Ahora, en el momento en que escribo este libro, con Ezequiel ya adolescente, logramos una relación de amigos más que de tía y sobrino.

Amo profundamente el regalo que mi hermano me dio: sus hijos que son maravillosos.

Manuela, mi segunda sobrina, posee una inteligencia casi increíble, es altamente curiosa y maravillosamente bella. Ella es la primera en mi familia que me llama con el nombre que yo elegí para mí. Me llama Tía, Mabel Iam. Manuela también participó de mis sueños y estuvo trayéndome enseñazas milagrosas para mí.

Caterina, mi tercera sobrina, es un sol, es amor puro y entusiasmo de vida. Todo el día está cantando y bailando sin detenerse; posee la inocencia de bebita aunque con un carácter muy definido y una astucia muy especial. Es un Ángel.

Mis sobrinos y mi hermano son parte de mi familia primaria, y me brindan alegrías infinitas.

MI ESPOSO, UN ÁNGEL

Hasta aquí hice una breve descripción de mi familia primaria con la que compartí, hasta ahora, la mayor parte de mi vida. En realidad siempre sentí que mi verdadera familia fueron todos los amigos que tuve y todos los amigos que tengo.

En el presente, ya he formado mi propia familia con Greg, mi esposo. La historia que nos une es muy romántica y estoy segura que fueron mis Ángeles protectores quienes la han creado y con hilos divinos la han tejido para mí.

Con mi esposo nos conocimos por una bendición extraordinaria y esta es una historia para otro libro, que seguro escribiré. Greg es americano y yo argentina y nos unió el gran milagro de Internet. Lo más bello de nuestra historia es que nuestras almas buscan el amor con la libertad, la confianza necesaria para ser plenos y convivir en armonía. Y, además, crecer junto a la energía espiritual de los Ángeles y nuestros amados maestros. Junto a Greg puedo seguir logrando la alquimia con mi alma y con mi espíritu, integrando mi vida con fortaleza interior.

SUSURRO ANGELICAL

Los Ángeles me enseñaron en cada alegría o en cada situación dolorosa lo siguiente:

> Cuando sientas que las sombras de los miedos se desvanecen agradece a todos los Seres que te amaron. Cuando creas que superaste los obstáculos de tu camino agradece a cada uno de los que colocaron piedras en tu sendero.

> Cuando pienses que ya venciste todas tus resistencias a vivir mejor y han retornado a tu alma la fe y la esperanza, agradece a los Ángeles que te susurran desde siempre.

> Las risas son como los llantos; las alegrías, como las tristezas; los enemigos, como los amigos.

Cuando vibras en la totalidad todo fluye en un eterno y perfecto siempre.

Nada tiene altos ni bajos, nada tiene armonía ni desarmonía. Trata de conectarte un segundo con ese sentimiento total. Si aprovechas desde ahora cada instante el resto del viaje va a ser perfecto. Recuerda este consejo angelical: "No ames solamente lo divino. Ama absolutamente a todo".

El amor divino fluye por el corazón de Luz porque somos un solo corazón Universal. Tú eres parte de mí y juntos somos el Universo. Ruego, desde ahora y para siempre, por el único encuentro.

Capítulo 2

¿QUÉ SON LOS ÁNGELES?

El ser humano nació del costado de un Ángel,
y el Ángel nació del costado de Dios.

Mabel Iam

LOS SERES CELESTIALES

Los Ángeles son energías vivientes que habitan dentro del Universo de la Creación. Por lo tanto, habitan en nuestro mundo interno porque somos parte del Universo. La función del Ángel es unir amorosamente la realidad que experimentamos en el mundo externo e interno.

En los reinos de la Creación existen redes invisibles que nos mantienen conectados con la Totalidad.

Una imagen que grafica correctamente la importancia vital de la comunicación permanente con el Universo y la función de los Ángeles: es el ejemplo de un piloto de avión que se aleja del aeropuerto pero sigue comunicándose con la torre de control original, hasta que tiene que descender y entonces comienza a ser guiado por la torre del lugar del destino, donde aterrizará. Como en este ejemplo, los Ángeles nos guían a la situación más propicia, eficaz y segura para realizar nuestras acciones, en todos los niveles. El aeropuerto de origen es la Creación Divina. Los Ángeles son los mensajeros Divinos que nos orientan y ayudan para llegar en forma perfecta al rumbo deseado.

Los seres humanos (pilotos) desconocemos la verdadera causa de seguir unidos, sostenidos y guiados en cada acto de nuestras vidas por nuestro origen Divino. Por ello, bloqueamos el sistema que nos comunica, desconectando la posibilidad de estar orientados por nuestra naturaleza espiritual que conoce perfectamente, la forma fácil y eficiente de llegar a destino. Imaginen qué puede suceder con el piloto de avión, del ejemplo, si desconoce la torre de control, la forma de comunicarte con ésta o directamente niega la asistencia de la misma para su aterrizaje. Este es el problema, exactamente, de todos los seres humanos que desconocemos las herramientas que nos une a la totalidad del Cosmos.

En nuestro mundo interior es donde fue creado el mapa de vuelo. Los Ángeles actúan como asistentes para recordarnos la existencia de este mapa de orientación.

Prosiguiendo con el ejemplo planteado, el propósito de los Ángeles es darnos los mensajes propicios, para que la transmisión de la energía Divina sea clara y perfecta. Por ello, si invocamos o llamamos a los Seres Celestiales para que nos ayuden a orientar nuestra vida, nunca nos alejaremos de los dictados profundos de nuestra naturaleza interna, y este es el verdadero camino a la liberación del sufrimiento.

LOS ÁNGELES SON FUERZAS VIVIENTES

Los Ángeles funcionan como fuerzas arquetípicas que cumplen distintas funciones dentro de la Totalidad Universal. La interpretación de estos arquetipos es diferente en el plano psicológico.

Las fuerzas arquetípicas Angélicas son los aspectos más profundos y más puros de la naturaleza y de la totalidad de la Creación, son manifestaciones del amor Divino, de la sabiduría y del poder absoluto.

En cambio, los arquetipos psicológicos funcionan en el plano del inconsciente o consciente, como estructuras internas de nuestra personalidad. Los Ángeles son formas puras más allá de nuestra personalidad y del alma porque están conectados con la esencia del Espíritu Divino. En la medida que nos conectamos con los Seres Celestiales comprendemos la maravillosa intervención que éstos realizan, también aceptamos la energía sutil del alma que se integra a las formas más densas de la personalidad. La unión consciente del alma con nuestra personalidad nos permite la canalización, conexión y codificación de los Mensajes de los Ángeles, o el registro de la codificación —la traducción del lenguaje de los Ángeles— que es interpretado según cada personalidad. Por lo tanto, en cada caso tiene recursos o formas diferentes, pero su esencia es única.

Este capítulo tiene como función crear las bases internas para la perfecta conexión con los Ángeles.

CÓMO CONECTARSE CON LOS ÁNGELES

La invocación es una energía que generamos para atraer o llamar a los Ángeles. Es importante que se presente como una necesidad interior porque la invocación del Ser Celestial, es una situación que puede cambiar nuestra vida, nuestra visión, nuestras relaciones, modificar, mejorar nuestra personalidad y conectarnos con la verdadera voz del alma. La invocación y su práctica provocan que la personalidad y el alma se fundan como una unidad combinada y concentrada para actuar, totalmente integradas en nuestro Real Ser.

Esta unificación e integración genera en nosotros una intensa y nueva percepción de la realidad en su totalidad, entusiasmo por la vida, y una sensación de estar unido realmente al propósito Superior. La persona que practica estas técnicas irradia una energía, magnética y dinámica que ilumina su mundo externo.

La repetición diaria y permanente de la invocación del Ángel crea en nosotros, la voluntad continua de focalizarnos conscientemente en nuestra evolución. La invocación es efectiva realizarla siguiendo la técnica de la visualización creativa. (Ver capítulo 4, donde este procedimiento está desarrollado, en forma extensa, junto con los arquetipos Angélicos para invocar).

El secreto de la visualización es "infundir al alma" la acción viva que está proyectando la mente y sentirla como un hecho concreto en nuestro interior, y además percibir cómo participa directamente en la invocación, la implícita colaboración de la Creación Divina.

Técnicas para la invocación

Los Seres de Luz Practican una regla Universal: *La invocación obliga a la respuesta*. Al hacer la llamada o invocación a los Ángeles, ellos acuden a nosotros de inmediato. Existen técnicas para explorar el mundo interno, y para observar hasta donde el pensamiento es creativo y poderoso al conectarnos con los Ángeles.

> Primero necesitas encontrar un lugar cómodo, en una habitación donde nadie te interrumpa ni haya ruidos que te distraigan.
>
> Luego debes elegir una hora de tu tiempo libre para dedicarla al Ángel Guía (en la medida de lo posible, es mejor que sea siempre a la misma hora del día, o el mismo día de la semana si sólo tienes tiempo de realizar la conexión Angélica, semanalmente).
>
> Cuando encuentres el lugar apropiado puedes sentarte o acostarte; lo importante es que estés cómodo y relajado. Si te agrada algún tipo de música ligera, clásica, de la Nueva Era, ambiental o instrumental, debes ponerla a un volumen bajo, apenas audible; si sientes que la música no te deja concentrarte, has el ejercicio en silencio.

Para llegar a una excelente invocación hay que seguir los siguientes pasos:

La respiración completa y relajación

La respiración completa consiste en trabajar tanto con los pulmones como con todo el abdomen para lograr una respiración correcta y profunda. Tienes que estar acostado, tendido sobre el suelo en un lugar cómodo y donde no te interrumpan durante unos quince o treinta minutos.

Al principio, hasta que la respiración sea fluida y natural, es importante practicar este ejercicio mientras tu cuerpo reposa. Presta atención a tus pensamientos y deja que pasen como una lluvia de energía: no te identifiques con ninguno.

Luego de unos minutos de relajación, coloca la mano en tu abdomen y la otra en el pecho, exhala suavemente todo el aire por la nariz vaciando completamente tus pulmones. Trata de mantener los pulmones vacíos por unos segundos. Inhala lentamente inflando sólo el abdomen, hasta llenar completamente la parte baja de los pulmones: sin esforzarte, sentirás como tu diafragma se expande hacia abajo. En estos momentos la región baja y media de tus pulmones se encuentra llena de aire.

Aprovecha, antes de exhalar el aire, a vaciar todos tus pensamientos e imagina que se liberan también tus emociones y tensiones diarias. Luego, lleva el aire a la región superior de los pulmones contrae ligeramente el abdomen y poco a poco expulsa el aire. Repite este proceso hasta llegar a un mínimo de diez minutos.

La relajación total y el nombre

Cuando logras la relajación total es importante repetir mentalmente el nombre propio. Yo, por ejemplo, digo: *Mabel, Mabel, Mabel, Mabel*, en un tiempo aproximado de quince minutos. Cuando sentimos el nombre vibrando en nuestro interior como una resonancia muy profunda e intensa que nos provoca una sensación de plenitud, entonces podemos avanzar hacia la etapa siguiente.

La invocación

Este paso es fundamental: es el momento en que llamamos o invocamos al Ángel que nos corresponde de acuerdo al signo zodiacal, para que nos acompañe. También puedes llamar a los Ángeles que están explicados, en el capítulo 4, que tienen funciones muy importante para asistirte en tu desarrollo espiritual y personal.

La afirmación

Invocamos al Ángel adecuado para nuestro trabajo interior, por medio de una afirmación o deseo en palabras o imágenes que repetimos en forma mental.

CÓMO CREAR LAS AFIRMACIONES

En los cuentos o historias infantiles se describen que ciertas palabras y frases, utilizadas por algún personaje del cuento eran consideradas como poseedoras de poder y significado mágico, estas palabras podían realizar milagros o cambiar situaciones en forma inesperada.

El "Ábrete Sésamo" de la cueva del tesoro de Alí Babá, el "Abracadabra" del mago, y tantas otras frases mágicas, palabras poderosas y nombres especiales.

Estas frases mágicas no son solamente una historia de niños, porque en distintas etapas de la humanidad, diferentes filosofías o religiones, han sostenido la idea de que las palabras o las oraciones tienen un poder mágico y de encantamiento.

La humanidad siempre estuvo conectada, entre sí, gracias a distintas palabras, y plegarias. En el presente, a través de los estudios de las religiones y los distintos rituales que se han utilizado en las oraciones, ideogramas, nombres divinos o mantras, con distinta forma o método, así lo demuestran. Podemos afirmar que las palabras son más que símbolos, porque cada palabra crea un Universo. Cada palabra o sonido es energía y está acompaña al pensamiento, que nosotros queremos recrear.

La energía que dirige y organiza el pensamiento, es la base de la creación de nuestro mundo, y también de la forma que nosotros creamos nuestra vida.

La Afirmación, entonces, según el conjuro de las "palabras mágicas" que utilicemos para crearla, será la clave esencial para el éxito de la invocación del Ángel. Esta combinación de palabras —cuanto más exacta y positiva— más efectivo, firme y claro será el mensaje del llamado para que el Ángel pueda comprender aquello que necesitamos para nuestro trabajo interior.

Las Afirmaciones ayudan a convertir el pensamiento nocivo en positivo y en consecuencia, transforman lo incorrecto en ideas y conceptos útiles. Se realizan repitiendo con la construcción de palabras que se repiten en forma mental. La forma y el orden de estas palabras se explicarán mas adelante. Algunas personas prefieren anotarlas, y no repetirlas mentalmente. No se requiere aprender un lenguaje específico. Las Afirmaciones pueden ser generales, o ser específicas.

Lo importante es saber que la Afirmación es un pensamiento positivo que escoges conscientemente para introducirlo en tu conciencia y así producir los resultados deseados. Tu mente producirá cualquier cosa que desees, si le brindas la oportunidad. Por ello, es importante también estar alerta a nuestros pensamientos. A través de la repetición de estas frases en forma mental, tú puedes alimentar tu mente con pensamientos positivos y conseguir la meta deseada.

Los objetivos y las afirmaciones pueden capacitarte fácilmente para utilizar tu mente a fin de crear en todo momento una realidad hermosa para ti mismo y para los que te rodean. El principio de las Afirmaciones consiste en elegir los propios pensamientos y utilizarlos repetidamente el número de veces que sea necesario para que su fuerza creativa produzca resultados en el mundo real e interno. Es recomendable realizar la repetición de estas afirmaciones durante diez minutos, dos veces por día como mínimo, hasta cumplir con el objetivo deseado.

Las Afirmaciones cuando están cimentadas por la energía Angelical que has invocado provocan cambios de actitud. Se convierten en declaraciones dinámicas y positivas que atraen prosperidad, curación, fortaleza, etc. El único requerimiento es que se deben formular en forma positiva y en tiempo presente, como experimentando ya el efecto de lo que se está afirmando.

Pasos para crear la afirmación

Es importante afirmar con seguridad y sinceridad. Comenzar la afirmación con las palabras mágicas: YO SOY.

Ejemplo: Yo soy creatividad en constante evolución.

1. Expresa siempre una afirmación como un hecho consumado o una como una acción ya realizada.

2. Declara la afirmación con una a frase reforzada con el Ángel que eliges, recuerda que los Ángeles solamente trabajan en el presente. Ejemplo: Yo soy y realizo milagros en mis relaciones y el Ángel del Amor me ayuda a lograrlo.

3. Manifiesta la afirmación en forma positiva y abierta, para que la energía de los Ángeles pueda penetrar en tu interior en forma fluida.

4. Afirma lo que desees y no repitas o pienses aquello que no deseas.

5. Cuanto más breve y simple sea la afirmación, más eficaz será tu invocación. Ejemplo: Yo soy la providencia infinita gracias al Ángel de la Abundancia

6. La mejor clase de afirmación es una formulación clara que comunica un sentimiento fuerte.

7. Crear el compromiso y la energía de hacerte cargo cuando la invocación se manifieste.

8. Cuando practicas afirmaciones, estás creando una realidad nueva.

Estas declaraciones o afirmaciones son para originar un distinto punto de vista y otras posibilidades de vida. Percibe y siente el poder de ser el dueño de tu destino cuando realices o crees cada afirmación.

La comunicación de la energía angélica

Para una experiencia real de canalización de la energía Angélica debes tomarte un tiempo necesario y anotar luego de haber realizado la invocación las imágenes que te aparecen hasta descubrir el código Angelical, porque cada persona, como se explicó anteriormente, tiene una representación interna diferente y tu tienes que aprender cómo funciona tu propia recepción.

Logra una perfecta comunicación Angélica:

Escoge el tiempo necesario y busca el lugar adecuado. Antes de dar una instrucción al Ángel que invocas, asegúrate que dispones del tiempo para hacerlo, tomando en cuenta que la respuesta puede ser más extensa de lo que imaginas.

Trata de tener un papel y lápiz a mano, por si te surge una pregunta o un mensaje que no comprendes o que deseas trabajar en otro momento. Es importante, tener claro la idea antes de llegar a la comunicación con el Ángel.

En caso que desees solamente hacer un contacto con los Ángeles, sin un motivo concreto, trata de tomarte más tiempo para hacer una excelente meditación y relajación, como plantea los capítulos 4, 5 y 7 de este libro. De esta forma puedes escuchar la voz de tu Ser Celestial y recibir un mensaje concreto y comprender perfectamente el conocimiento que tu deseas aprender.

Si es necesario explícate el motivo de la invocación al Ángel, como si fuese un monólogo entre tu persona y tu Ser Interior.

Presta atención a las imágenes que se repiten, porque puede significar que no estás escuchando la respuesta del Ángel o que no tienes conciencia de tu ritmo interno.

LA RECEPCIÓN

Luego de la Invocación y Afirmación, comenzamos a sentir el segundo plano de la conexión, la recepción de la energía Angélica, esto significa recibir el alimento del Ángel por intermedio de impresiones, ideas, imágenes, palabras, luces de colores diferentes, melodías o cualquier tipo de onda cósmica.

Comenzamos a modificar hábitos de conductas negativas sin proponernos hacerlo y otras modificaciones que cada persona va experimentando según la capacidad que tiene su recepción.

LA ASIMILACIÓN

Luego de realizar la comunicación con el Ángel que has decidido invocar, comenzarás a percibir la energía que has absorbido o asimilado en el contacto Angelical.

La energía se plasma en tu vida cotidiana con nuevas impresiones, ideas, luz para crear, etc. Por ello es muy importante el Ángel que invocamos, para poder servir al propósito que queremos realizar con conciencia y capacidad de unidad con las leyes que rigen todos los planos de la vida. En la medida que asimilamos las experiencias de una forma más frecuente se profundiza la conexión con los Ángeles.

Una característica del proceso de la asimilación de la energía Angelical que puedes comprobar es el hecho de desarrollar mayor intuición en las situaciones, y un estado de mayor seguridad. Una certeza permanente de conocer profundamente la causa y el efecto final que fueron generando cada una de las situaciones que te ha tocado atravesar.

LA TRANSFORMACIÓN

Con la práctica de la invocación y afirmación experimentamos cada vez más profundamente la energía Angélica. En cada contacto que realizamos con los planos superiores de conciencia se produce una transformación, desde lo más sutil a lo más importante, de nuestra existencia. Cuando comenzamos a asimilar la energía Celestial nuestra energía física, emocional y mental se armoniza. Todas las áreas de nuestra vida se restablecen y purifican especialmente, los conflictos emocionales que se provocan en nuestras relaciones.

Podemos ayudar, a través, de nuestra transformación a mejorar el crecimiento del reino vegetal, desarrollar el cuidado del reino animal y básicamente transformar la calidad de vida del planeta solamente trabajando en los planos sutiles de la energía que luego se expresarán en los planos físicos en todas sus formas, para ayudar a otras personas, para servir a la humanidad y dar luz a cada rincón oscuro de nuestra vida.

La expresión

La expresión o manifestación es el paso último y fundamental del proceso del contacto y comunicación de la energía Angélica. Porque a través de la canalización y la expresión de la luz que irradian los Seres Celestiales, desde el primer momento que invocamos a los Ángeles. Nos orientamos directamente a asimilar, transformar y expresar las leyes Cósmicas de los reinos Celestiales y terrestres que rigen el Universo.

La expresión más elevada que podemos realizar como Seres Humanos es imitar el servicio ilimitado e incondicional que realizan los Seres Celestiales en su constante ayuda, asistencia y protección con un amor infinito hacia toda la Humanidad.

Capítulo 3

Cómo sanar nuestra vida
con los ángeles

La imagen del Diablo se ha humanizado
con el correr de los siglos.
Este hecho representa que en el presente
estamos en condiciones de considerar
a este arquetipo sombrío como un aspecto oscuro
de nosotros mismos, y no como algo sobrenatural.
Esto significa que la conciencia colectiva
está preparada, también, para comprender
que lo Divino abarca la totalidad de
la naturaleza humana.

Mabel Iam

CÓMO SE GENERAN LOS BLOQUEOS EN NUESTRA VIDA

Antes de proseguir por las zonas luminosas de nuestra vida debemos darle luz a nuestra oscuridad, aquello que en general la sociedad llama el mal o la enfermedad.

La enfermedad tanto física como emocional se provoca por un bloqueo o desequilibrio interno y psíquico de una persona. La psiquis y sus mecanismos bloquean la conexión con el Ser Celestial a través de las emociones y pensamientos negativos, como por ejemplo, la resistencia y el miedo.

Reflexionemos sobre las palabras que el maestro Jesús dijo a sus discípulos: "No os resistáis al mal" (Mateo 5:39). En esta afirmación el gran maestro encerró la clave mágica de todo bloqueo. Ocurre que la resistencia al mal crea la enfermedad. Cuando no existe barrera alguna la energía Divina no encuentra obstáculos a su paso y fluye libremente. Cuando aparece cierta resistencia el movimiento disminuye, se detiene y regresa, se sofocan las emociones y se anulan los sentimientos.

Por ello el ser humano es responsable del flujo energético del organismo. Cuando los procesos vitales se cristalizan o detienen por mecanismos creados por nuestra mente, estos provocan enfermedades en todos los niveles, tanto físicos como psicológicos. Si podemos comprender la naturaleza de lo que llamamos mal, y no nos resistimos o negamos a ella, damos un paso muy profundo en el conocimiento del alma humana. Cuando no se toma conciencia es porque la persona se niega a conocer su verdad interior. Ciertas resistencias son conscientes y, en tal caso, la persona elige deliberadamente utilizarlas.

Por ejemplo, un hombre o una mujer que se siente herido por su pareja pueden elegir abrirse al amor y al perdón o seguir con sus sentimientos negativos y destructivos hacia ésta. Aunque muchas de nuestras acciones sean previamente pensadas, hay otras que son inconscientes o negadas.

La negación del mal es una conducta aprendida. Por ejemplo, en nuestra infancia percibimos el mal a través de los actos de quienes nos rodean y de los personajes de ficción que protagonizan cuentos, novelas, películas y series de televisión. Esta situación obliga a nuestras jóvenes mentes a encontrar alguna explicación para la realidad objetiva del mal y su desafiante peligro.

Algunos consiguen superar esta amenazadora experiencia sin ayuda. Las preguntas de los niños sobre las sombras y el mal eliminan aparentemente esa sensación de peligro, cuando los padres las aclaran, pero, en general, las explicaciones que se brindan constituyen pobres adaptaciones posteriores a la vida. Aquellos horrorosos monstruos infantiles siguen existiendo en las mentes adultas, generando todo tipo de síntomas, desde el miedo a la oscuridad a perturbadoras reacciones fóbicas.

Hay personas que lamentablemente se hallaron expuestas al mal de manera prematura y trágica. Fueron víctimas del abuso infantil, de las guerras o de otro tipo de crímenes y jamás han terminado de recuperarse de tales experiencias traumáticas. Pero todos, de alguna manera real o simbólica, fuimos víctimas de estas sensaciones sin que necesariamente hayamos experimentado los casos límites antes nombrados.

El mal, entonces, es algo mucho más profundo que aquello que explican los códigos morales. El mal es la antivida (opuesto a la energía vital). La vida, por su parte, es una fuerza dinámica, es energía y conciencia manifiesta en diversas formas.

El mal sólo existe donde se encuentra un mecanismo de resistencia a la vida. La manifestación de lo que llamamos mal es esta distorsión a la negación. Se podría afirmar que la falta de conciencia de este mecanismo es la causa que origina todos los males.

EL DIABLO ES DÉBIL

En inglés "diablo"* se dice 'devil'. "Evil" significa 'niebla' o 'tiniebla', aquello que proviene de las oscuridades. Por asociación podemos decir que la idea de lo diabólico tiene que ver con nuestras debilidades y nuestras penumbras. Creo que el Diablo es el arquetipo creado por la conjunción de todas las confusiones: falsas ilusiones, creencias y temores. Desde lo individual hasta lo colectivo, este arquetipo funcionó en todos los tiempos.

El Diablo tiene por objetivo confundir porque él está confundido.

Engaña porque está a su vez creado por todas las creaciones de nuestros autoengaños. Si observamos su imagen dibujada, temida pero ridícula, nos daremos cuenta de esto, siempre y cuando no tengamos miedo de analizarlo o contemplarlo. La imagen del Diablo se nos presenta como un conjunto

---

* Ver Glosario

incoherente de rasgos completamente diferentes dentro de sí mismo. Podemos observarlo en pinturas, cartas de tarot o en cualquier lugar en que se encuentre representado. Tiene cuernos de ciervo, garras de ave depredadora y alas de murciélago. Se refiere a sí mismo como a un hombre pero tiene pechos de mujer o, mejor dicho, porta pechos de mujer.

El Diablo lleva también una espada pero la sostiene descuidadamente con la mano izquierda. Es evidente que su relación con el arma es tan inconsciente que sería incapaz de utilizarla de la manera adecuada, lo cual puede interpretarse como que su relación con ésta es demasiado torpe.

Simbólicamente, la espada significa el pensamiento y su capacidad para discriminar, que en este arquetipo aparece como insuficiente y descuidado.

El Diablo es una figura que se remonta al origen del hombre, junto con las confusiones de todos los tiempos. En la Antigüedad solía representarse como una bestia más poderosa y menos humana, tal cual la conciencia de esa época. Por ejemplo *Set*, el dios egipcio del mal, se representaba como una serpiente o un cocodrilo. En la antigua Mesopotamia, Pazazu (el rey de los espíritus malignos del aire, un demonio portador de la malaria que moraba en el viento del sudoeste) encarnaba algunas de las cualidades que atribuimos a Satán. Nuestro Diablo bíblico también ha heredado algunas de las características de Tiamat, la diosa babilónica del caos, que asumía el aspecto de un murciélago con garras y cuernos. Fue en la época judeo-cristiana cuando el Diablo comenzó a aparecer en forma definitivamente humana y a llevar a cabo su nefasta actividad de manera más comprensible para nosotros. El hecho de que la imagen del Diablo haya ido humanizándose con el correr de los siglos significa que hoy en día estamos más abiertos para considerarlo como un aspecto oscuro de nosotros mismos, y no como un ser sobrenatural. Pero quizás también signifique que ya nos encontramos en condiciones de enfrentarnos a nuestro lado más oculto y satánico.

El Diablo también aparece en los sueños y pesadillas cuando estamos viviendo momentos muy difíciles, y nos hace tomar conciencia de nuestra verdadera fortaleza y confianza interna.

Volviendo al origen de la palabra "diablo", ésta procede del griego "diabolos", un término que perdura todavía en la palabra "diabólico". Es interesante que el significado literal de "diabolos" sea el de 'desgarrar' (dia-bollein). El hecho de que esto signifique 'desintegrar' representa nuestros impulsos destructivos que nos separan de la totalidad de nuestra conciencia para someternos a los impulsos sombríos y desconocidos de nuestra mente. Es importante destacar entonces que el término "diabólico" es el antónimo de "simbólico", un término que procede de "sym-bollein", que significa 'reunir', 'juntar'. Este significado etimológico tiene una importancia extraordinaria en lo que se refiere a la verdadera naturaleza del bien y del mal.

Lo simbólico es lo que reúne, lo que vincula, lo que integra al individuo consigo mismo y con el grupo.

Lo diabólico, por el contrario, es aquello que lo desintegra y lo mantiene separado. Así resulta fácil comprender la función del arquetipo del diablo: es el que separa, desintegra y divide. Por esta fragmentación del yo de una persona se pueden generar desde psicosis a estados realmente alterados. Antiguamente se denominaba "poseídos" o "endemoniados" a quienes padecían algunas de estas enfermedades. Esta imagen arquetípica que habita en el inconsciente colectivo pierde su poder y su gloria a medida que la vamos comprendiendo. Porque cuando la reconocemos podemos verla como a un viejo conocido que no nos resulta peligroso sino inofensivo y, en algunos casos, hasta cómico.

La energía desde el punto de vista de la ciencia

La energía vibra en planos muy elevados, más allá de lo que nuestra conciencia puede comprender. Sólo nos acercamos a percibirla cuando nos conectamos con nuestro interior.

Tanto el planeta Tierra como nuestro cuerpo están formados de masa o materia. La física cuántica comprobó que la célula tiene inteligencia propia. La energía no sólo se transforma en la materia física sino también en otros planos del espíritu donde los Ángeles actúan en su totalidad. Lo cierto es que la materia es energía y la energía es vibración. Como todo es vibración, nosotros también somos vibración.

Para acercarnos al tema de la energía y los pensamientos resulta esclarecedor conocer lo que sostiene Deepak Chopra en su libro *Boundless Energy*, donde afirma lo siguiente:

> La memoria, los sueños, la creación y todas las demás actividades mentales cotidianas siguen siendo un misterio profundo, en cuanto se refiere a sus mecanismos físicos. Lo que sí sabemos hoy es que la mente y el cuerpo son como Universos paralelos. Cualquier cosa que suceda en el Universo mental deja huellas en el Universo físico. Hace poco los neuroinvestigadores descubrieron una forma de fotografiar, en tres dimensiones, las huellas de los pensamientos, como en un holograma.

La lucha entre el bien y el mal

Antes explicamos que el bloqueo energético se realiza por la resistencia que presentan nuestras emociones o pensamientos negativos. Cuando estos se cristalizan crean un mecanismo nocivo proyectado internamente consumiendo nuestra vitalidad.

Todo lo que existe, se vea o no, es energía y luz. Cuando estamos bloqueados cambia la densidad de la energía en el nivel donde se encuentra el bloqueo, el dolor o lo que nosotros llamamos enfermedad.

La ciencia puede registrar y medir las corrientes eléctricas en el cerebro. Por eso se sabe que las perturbaciones mentales y emocionales crean tormentas cerebrales cuando se excita la conciencia. Los impulsos nerviosos en el cerebro son procesos eléctricos y químicos.

Los científicos han descubierto que las emociones intensas pueden generar más energía y proyectar pensamientos más fuertes.

Analizando estos fenómenos del pensamiento en el plano espiritual existe una ley esotérica que afirma que "la energía sigue al pensamiento".

Además, según un antiguo dicho esotérico mencionado por Alice Bailey en su libro *Del intelecto a la intuición*: "Cuando el espíritu me mueva, yo lo haré", pues la energía seguirá a mi pensamiento, los átomos enviarán los impulsos y a éstos les seguirán el deseo y la acción.

Siguiendo con esta idea, en el plano físico, las células contienen ondas de luz. Éstas envían ondas eléctricas que se transforman en pensamientos. Nuestros pensamientos son luz y energía que se entreteje con la luminosidad de los demás. Dependerá de nosotros no resistirnos a la luz que naturalmente crea el Universo.

Ahora que la ciencia ha comenzado a descubrir, por medio de la investigación de la mente y de los impulsos eléctricos del cerebro, podemos confirmar que nada en el Universo escapa de la penetración del pensamiento.

También es importante destacar que la ciencia habla de inversión o repulsión de la energía física como fuerzas opuestas. Existe una fuerza negativa y una fuerza positiva, siempre pulsando a través de los canales de la mente y de los átomos de energía, causando una reacción sobre las células cerebrales humanas. Según Freud, en forma simbólica y concreta existe un antagonismo constante en el plano psicológico que se vuelve orgánico, entre el malvado "instinto de muerte" (Thanatos) y el bondadoso "instinto de vida" (Eros), una especie de duelo entre el bien y el mal.

El objetivo primordial de este libro, a través, del autoconocimiento y las diferentes técnicas de invocación de los Ángeles, es que el lector pueda crear un campo magnético cargado con energía psíquica y espiritual para protegerlo de toda energía ajena o negativa que pueda provocarle cualquier resistencia mental.

PLANOS DE EXISTENCIA QUE TRASCIENDEN LA CIENCIA

La mente y el alma humana asimilan las Leyes de la Naturaleza. El pensamiento Divino del Ser Humano puede sincronizar y armonizar la mente, para comprender y crear en los diferentes planos de conciencia y generar, así, distintas realidades e integrar a éstas en su totalidad. Si conocemos cómo funcionan estos planos podemos asimilar esas leyes que trascienden la conciencia de nuestra vida común y cotidiana.

La palabra plano significa la condición o estado de actividad de la energía espiritual con la cual el Cosmos vive, se mueve y contiene la energía que produce.

Para contactar nuestras energías Angélicas Internas tenemos que aprender los diferentes tipos de actividades que funcionan en todos los planos.

En determinado punto del espacio espiritual, mental, emocional o físico existen estos planos de actividad energética.

Por ejemplo, si observamos cómo funciona en el mundo físico la vibración del sonido. El aire puede estar lleno de notas musicales. Cada nota corresponde a un grado de vibración acústica. Las notas ocupan la misma posición en el espacio y sin embargo no se entorpecen unas a otras en cuanto a la ocupación de lugar en el espacio que se presentan o escuchan. Es un axioma de la física que dos cuerpos materiales no pueden ocupar el mismo lugar a un mismo tiempo; pero millares de vibrantes notas pueden ocupar el mismo lugar al mismo tiempo, como sucede cuando una nutrida orquesta interpreta una composición musical. Muchos instrumentos suenan a un mismo tiempo e innumerables vibraciones llenan el aire; y, sin embargo, el que escucha puede fijar su oído en determinado instrumento y aun percibir ciertas notas. Puede oír todas las notas, y si pensamos todo el volumen orquestal se manifiesta y se expresa en el pequeño espacio del tímpano auditivo.

Este ejemplo puede ayudar para que nuestra mente se acostumbre a formar el verdadero concepto de un plano.

En estos planos más sutiles que el sonido, aquellos que nuestros sentidos físicos no pueden oír, tocar, o ver funcionan los Seres Celestiales. Trasciendo las leyes físicas conocidas.

Otro ejemplo nos ofrece la vibración de la luz, a través del color, que como sabemos resulta de las vibrantes ondas incorpóreas al ponerse en contacto con la materia física. Cada color tiene su propio lugar en la escala vibratoria. Cada rayo solar que nos alcanza está compuesto de siete colores que pueden desglosarse por medio de un prisma de cristal. Todos los colores están en cada punto del espacio por donde pasa el rayo de sol, y pueden desglosarse por descomposición de la luz blanca.

Aunque más allá del campo ordinario de la visión humana hay colores invisibles por ser sus vibraciones demasiado altas o demasiado bajas, estos colores sólo pueden percibirse por medio de instrumentos apropiados.

Estos diferentes órdenes de vibración pueden ayudar a formar el concepto de los planos de existencia independientemente de la idea de un lugar concreto. En el caso de la energía Angélica, podemos percibirla en los planos de la luz y los colores, pero como esta energía es tan sutil que funcionan en la escala del plano espiritual trascendiendo los colores que nosotros conocemos o nosotros contemplamos en el plano de la materia. Los Seres de Luz, por lo tanto, pueden presentarse con colores o sonidos diferentes a los que asociamos en los planos externos.

La enseñanza es que cada plano representa un grado distinto de energía vibratoria muy diferente al que percibimos con nuestros sentidos externos o materiales. Así podemos comprender que el concepto de plano nada tiene que ver con el de espacio o el tiempo que nosotros captamos diariamente.

También podemos afirmar que estos planos espirituales trascienden las leyes de la física que nosotros manejamos y cada color que se manifiesta en los planos internos de conciencia pueden o no ocupar un lugar físico. Por lo tanto, un Ser Celestial puede moverse y contener patrones de energía que cumplan una función para asistirnos, más allá de la comprensión de nuestra mente material o concreta, que nos limita de la verdadera comprensión interior.

CLAVES DE SINTONÍA UNIVERSAL

Este libro propone brindar las claves para desarrollar todos los potenciales internos en todos los planos en que funciona la energía Angélica o Celestial, para mejorar nuestra relación con nuestro ser interior y lograr así ayudar a mejorar todas las áreas de nuestra vida y al máximo de personas que podamos iluminar con nuestra asistencia y conocimiento Divino. Los objetivos que se presentan son los siguientes:

1. Actitud positiva para comunicarse con los demás.

2. Actitud de cooperación y servicio.

3. Apertura para acrecentar los puntos de vista y alcanzar conclusiones sintetizadoras y más reales.

4. Apertura espiritual para estar preparados a asimilar y contactar planos espirituales y Celestiales en cada momento de nuestra vida.

5. Capacidad para superar los obstáculos que, de diversas formas, tratan de impedir la creatividad material o espiritual.

6. Descubrimiento de nuevos modos de establecer relaciones humanas.

7. Fuerza interior para aniquilar la inercia, el hechizo, el espejismo y sus ilusiones.

8. Desarrollo de la mente para llegar a la esencia, es decir, tener la facultad para ver las cosas de la manera más simple y sabia.

9. Madurez, flexibilidad y adaptación para encarar la vida en todos sus planos de existencia.

Si deseas llegar a realizar estos objetivos, entonces, estarás dispuesto a seguir en este viaje emocionante y encontrar al Ser Celestial.

CURAR Y LIBERAR LAS EMOCIONES

La liberación del ser humano se realiza, a través, del conocimiento interno, este proceso puede crear formas de pensamientos que permitan expresar los conceptos más elevados en los planos de la belleza, bondad, justicia, alegría y libertad. Luego estos altos conceptos se pueden expresar o realizar en el mundo exterior y en la vida diaria.

Todas estas condiciones o cualidades le "dan luz" a nuestras sombras, nos fortalecen y nos alejan de la formación de la energía destructiva interna que crea la resistencia a la vida.

El conocimiento humano se expande dentro del marco de las diferencias de cada plano de existencia. Cada nivel es un factor utilísimo en la creación de la gran estructura en la totalidad de nuestro ser.

Debemos aceptar todos los mecanismos de nuestra naturaleza y no luchar contra ella. Es la única manera de no desintegrarnos y llegar a ser totalmente plenos.

Hay reglas básicas para realizar aquí y ahora, con la asistencia de los Ángeles:

1. Vivir en el presente, en un eterno ahora, y no permanecer hundidos en el pasado o estar ansiosos por el futuro.

2. Sentirnos relajados, dormir mejor, estar centrados en Ser Celestial.

3. No temer a los propios sentimientos. Aprovechar esa energía para nuestro propio bien.

4. No temer a los sentimientos de otras personas.

5. Aceptar la manifestación de las emociones como parte de nuestra naturaleza humana.

6. Aprender a reconocer los sentimientos y planificar su liberación.

7. Mejorar la salud física.

8. Aprender a materializar desde los planos espirituales nuestros anhelos tanto en mundo físico como en el plano de las relaciones.

9. Sentirnos vigorosos y con un mayor control de las situaciones.

10. Aprender a agasajar y dar la bienvenida a nuestra emocionalidad.

11. Respetar a los demás con sus diferencias y hacer respetar las nuestras.

12. No tratar de controlar la vida de los otros, sino dirigir la energía hacia nosotros mismos.

13. Despertar a los olores, sabores, belleza, colores, amor, música, gente, diversión, experiencias excitantes, naturaleza, felicidad, porque hemos eliminado el miedo, la tristeza, la desconfianza y la ira.

Estos principios son verdades profundas, fundamentales. Son hebras estrechamente entretejidas que atraviesan con exactitud, consistencia, belleza y fuerza la trama de la vida. Es importante aplicar cada uno de estos principios a la experiencia diaria.

Cuantas estas leyes se afirman y comienzan a regir nuestra vida, podemos enfocar nuestra visión con la claridad que poseen los Ángeles. Y en ese momento nos convertiremos en Seres Celestiales caminando sobre la Tierra.

Capítulo 4

VIVIENDO CON LOS ÁNGELES

Los Ángeles nos aconsejan:
"Sólo por hoy, prométete a ti mismo que
amarás a los árboles y observarás a las flores
como por primera vez.
Sentirás amor cuando te acerques a
las personas o cuando tomes algún objeto.
Cocinarás y saborearás cada alimento con amor.
Trabajarás con amor y te expresarás
con amor a los demás.
Realizarás todo por amor y para el amor."
Los Seres Celestiales continúan susurrando y nos dicen:
"No ames solamente lo Divino.
Ama absolutamente todo".

Mabel Iam

Presentación angelical

En este capítulo se describen los Ángeles con sus múltiples funciones, para invocar y lograr así la realización en todas las áreas de tu vida. Encontrarás las tácticas o procedimientos concretos, para llegar a visualizar, orientar el contacto e invocar a cada Ángel. La función del Ser Celestial se describe claramente en este capítulo, para que conozcas los objetivos que puedes lograr con el servicio de cada Ángel. No es una tarea simple manifestar o poner en palabras con códigos humanos la maravillosa e ilimitada asistencia permanente y eterna que los Mensajeros nos brindan. Es sumamente importante que vislumbres que el trabajo interno es sagrado, porque cuando tú realizas con conciencia el llamado del Ángel estás reconociendo su función, y esto te eleva a ti mismo al nivel de los Seres de Luz. Con este acto de invocación transmites tu capacidad Celestial dentro de los diferentes planos interiores de tu Ser Divino. En otras palabras, cuando invocas a la energía Angélica estás creando una comunicación y una asistencia directa para la expansión de luz en la totalidad del Universo.

Las imágenes de los Seres de Luz que se describen en este capítulo surgen a partir de mi experiencia en continua evolución, y de los resultados de los diferentes seminarios que he realizado canalizando Ángeles. Además, de cartas y mensajes de personas de diferentes países que visitan a mi website. Acompaño y guío a los lectores de mi website, en forma continua, así confirmo y estudio el resultado de las experiencias con los Ángeles. En este momento con alegría estoy compartiendo mis conocimientos como pionera en este campo con Terapeutas Holísticos y Traspersonales, en Latinoamérica, que a través de mis conferencias y libros siguen practicando. Utilizando estas técnicas para facilitar y ayudar a las personas tanto en la curación física o psicológica, como con diferentes objetivos.

Las citas que se presentó escritas encabezando cada Ángel se emplean para ilustrar y representar en forma de síntesis poética el significado de los Arquetipos de cada Ángel.

Los decretos o afirmaciones se utilizan para brindarle mayor poder y efectividad a la invocación, aunque éstas pueden también ser recreadas o cambiadas por el lector, siguiendo la guía para crear afirmaciones descrita en el capítulo 2 de este libro. También, la invocación Angélica se puede realizar con la llamada de varios Ángeles para cada situación.

Visualización:
una invocación perfecta

La Visualización es una técnica que se utiliza para lograr una perfecta relajación mental. Se trata de usar la imaginación para crear imágenes relacionadas o no con nuestro inconsciente, nuestro deseo, y depende del objetivo que busquemos. Se entiende el concepto de imaginación creativa como la capacidad mental o espiritual de crear una idea, un cuadro mental, o un sentido especifico u objetivo, una sensación o emoción conciente que deseemos evocar.

La Visualización es una técnica eficaz en psicoterapia, en meditación, en yoga, y hasta en deportes de élite aunque con objetivos diferentes en cada caso.

Los beneficios que conseguimos con esta técnica es aumentar el grado de percepción de todos nuestros sentidos, desarrollar el potencial mental tan escasamente trabajado, abrir nuevos canales energéticos que llevan (con la práctica) al desarrollo de facultades innatas como la intuición, y en definitiva percibir mejor nuestra propia realidad no sólo corporal sino también espiritual y mental.

Meditación con el ángel guía

"He aquí yo envío un Ángel delante de ti para que te guarde
en el camino y te lleve al lugar que yo he preparado.
Guarda tu conducta delante de él y escucha su voz".

Exo. 23:20-22

La meditación es la medicina que necesita el alma para la comprensión de La vida. Equilibra la mente llevándola a estados de realidad Celestial, alimentando el alma hasta lo más sublime, más allá de lo que uno pueda imaginar. La meditación nos ayuda a estar más cerca de Dios y participar de su amor infinito.

A los 12 años de edad, recuerdo, comencé a meditar en forma conciente porque ya había conseguido estados meditativos mucho antes de esa edad, alrededor de los nueve años, pero no muy constantes y a veces eran como juegos de concentración. Recuerdo haber comenzado a observar mis sentimientos de temor en esos días. Debido a las constantes intervenciones de mi madre, siempre estaba en estado de angustia, me sentía bastante desconsolada por ese tiempo de mi vida. Esa noche, mientras meditaba buscando respuestas en mi interior escuché claramente la voz de mi Ángel Guía después de relajar completamente mi cuerpo y mi mente. Llegué a la comprensión de que la Divinidad Universal y sus Seres Celestiales estaban realmente dentro de mí, no tenía por qué temer. Jamás estaba sola. Y seguí con ese pensamiento profundo por un largo momento hasta que me quedé dormida. Esa noche tuve una experiencia maravillosa que colmó mi existencia por el resto de mis días, disminuyendo todos mis temores, especialmente por mi historia personal, que yo tenia de perder a mis seres amados. Desde entonces, hasta el día de hoy, he continuado haciendo meditaciones con Ángeles y en todo momento me han beneficiado espiritualmente.

PARA COMENZAR

Lo primero que necesitas para comenzar con tu trabajo Angélico es encontrar un lugar cómodo, en una habitación donde nadie te interrumpa.

Respira profundamente por la nariz e imagina que en cada inhalación entra luz a tu cuerpo y en cada exhalación se disuelve la tensión, el miedo y el estrés que hayas podido acumular durante el día.

Inhala y exhala varias veces hasta que te encuentres totalmente relajado y te sientas muy tranquilo, luego deja que tu mente se relaje; también permite que los pensamientos lleguen y se retiren sin retenerlos, igual que la respiración.

Sigue relajándote varios minutos hasta que sientas que tu mente se llena de paz y tranquilidad.

Imagínate a ti mismo caminando por un lugar en el que te sientas libre, pleno y seguro (algún bosque, playa, campo, monte ó inclusive sobre las nubes o bajo el agua, no le pongas límites a tu imaginación). Después de un rato de caminar por esa senda, te encontrarás a lo lejos un lugar diferente del resto del paisaje. Es en ese lugar mágico donde está tu Ángel, aguardando desde siempre. Puede que se presente con forma de hombre, de mujer, de niño o hasta de animal o como campo de energía o una esfera de luz. No te preocupes por la forma que tenga.

Ante tal aparición quizás escuches una palabra o un nombre dentro de tu mente, una palabra o información acerca del Ángel que tal vez hayas escuchado hace mucho tiempo, pero que la habías olvidado.

Acércate con cuidado y siente todo el amor que irradia; de su cuerpo emana una luz de un color parecido al rosa, pero al mismo tiempo, no es ningún color que pueda verse con los ojos físicos, aquí en la Tierra.

Deja que se acerque y salúdense con afecto, igual que dos magníficos amigos que no se han visto en mucho tiempo. A partir de aquí, todo depende de la decisión que tú tomes: pueden hablar, permanecer juntos en silencio, caminar, sentir que flotas, juegas, etc.

Haz lo que desees en compañía de tu Ángel y cuando termines, despídete de él (o de ella) pero no con un adiós, sino con un "hasta pronto", porque a partir de ese momento se volverán a encontrar constantemente pues permanecerán unidos por siempre.

Con tu imaginación regresa a la habitación en donde te encontrabas y comienza a moverte poco a poco. Primero mueve las manos, después los brazos y así hasta que estés completamente incorporado, pero mantén contigo el amor que irradia tu Ángel, después de la meditación tanto como puedas. Trata de mantenerte todo el día en una actitud de agradecimiento a Dios, a tu Ángel, al Universo, la Fuerza creadora, el Gran Espíritu o cualquiera que sea el nombre con el que tú te expreses o comuniques con el Dador de la vida.

Siete pasos exitosos con irradiación angelical

Estos siete pasos son garantizados para conseguir, y materializar tus objetivos, luego de haber logrado una conexión y un estado de meditación concreto con el Ángel Guardián, como se mencionó anteriormente, o con los arquetipos angélicos que se explican en este capítulo. También se puede utilizar este mismo ejercicio con el Ángel que corresponde a tu signo como se expone en el capítulo 12 de este libro.

1. Construye primero una clara imagen y visualiza el objetivo que buscas: ya sea un beneficio para el alma o cuerpo, ya sea para ti o para alguien más. Formula una representación clara, por ejemplo: la persona con su salud restaurada, o el certificado de un trabajo o estudio. Una nueva casa. Un estado de éxtasis espiritual. Mayor protección de un Ángel determinado. Si el objetivo que buscas es algo visible y material, entonces simplemente formula una representación, preferiblemente "viéndola" aquí y ahora realizada.

2. Visualiza la imagen del Ángel Guardián, o como se explicará más adelante, cada arquetipo Angélico, ya sea en forma determinada o simplemente como una luz, brillante y del color que en este capítulo encontrarás detallado.

3. Ahora crea, clara y precisamente, lo que deseas para que el Ángel que has elegido para tu invocación sea informado por tu conciencia de tu intención y objetivo.

4. Establece sin vacilar o dudar tu deseo o necesidad. Y descríbelo con palabras imágenes o conceptos al Ángel que has elegido, dialogando de la misma forma que lo harías con un amigo o familiar muy cercano al cual le confías tu hogar, tu amistad, amor o tu vida.

5. "Observa, percibe y siente" el radiante contacto divino del Ángel como un hecho aquí y ahora realizado, no como una película, sino una experiencia real. "Escucha" —y repite nuevamente para ti mismo— las palabras de la afirmación de lo que deseas que suceda. Acepta el regalo y agradece al Ángel por esta acción Divina.

6. Durante el día, y durante la noche si te despiertas, recuerda la acción realizada durante la visualización —aunque sea sólo un momento a la vez— y nuevamente agradece por su asistencia y entera entrega a tu pedido.

7. Cuando tu objetivo realmente suceda y se materialice en el mundo concreto, agradece especialmente por ello. Siempre es positivo que dones o regales como una ofrenda material a alguien que también lo necesite. Es una forma de pago material y espiritual, a la vez, al universo como agradecimiento por su ayuda, creando así una cadena de amor y acciones de generosidad.

Continúa realizando estos ejercicios con mayor frecuencia cada vez, tratando de ayudar también a otras personas, siempre con la autorización y la información de las mismas.

Cuanto más personas ayudes más asistencia y conocimiento Angelical tendrás, y así, podrás renovar tu fé y lograr convertirte en real Ser de Luz.

ENERGÍAS ANGELICALES Y SUS FUNCIONES

Descubre y experimenta las energías arquetípicas Angelicales para llamar y desarrollar en cada ocasión según lo requieras, desees, o necesites para tu evolución espiritual o personal.

Aquí puedes encontrar las claves que cada Ángel nos brinda para abrirnos y profundizar en nuestro Universo interior.

EL ÁNGEL GUÍA

Santo Ángel, mi guía Celestial,
a quien tantas veces confundí con mis reclamos,
no me abandonéis, te lo pido, yo os lo ruego,
en medio de los peligros no me retiréis vuestro apoyo.
No me perdáis de vista un solo instante.
Si no que vuestras amables inspiraciones dirijan y fortifiquen
mi alma, reanimen mi corazón desfallecido y casi apagado,
porque está sin amor.
Comunicadle alguna chispa de las llamas suaves
y puras que os abrasan a fin de que,
cuando llegue el término de esta vida,
pueda en vuestra compañía y la de todos los Ángeles
obtener la vida eterna, y ver sin cesar al Señor,
amarle, alabarle y bendecirle
Amén.

Anónimo

Cómo visualizar el Ángel guía

Cuando se visualiza el Ángel guía puedes verlo con distintos aspectos y formas, porque se adapta totalmente a la personalidad de la persona que protege. En general, su apariencia es muy similar a nosotros.

Su energía es de color celeste, como construida de algodones y luces Celestiales. Su mirada es tierna y muy penetrante. El sonido de su canto es susurro que nos ayuda automáticamente a centrarnos en nuestro corazón. Responde siempre y acompaña nuestra alma desde la eternidad. Cualquier gesto es una llamada para nuestro Ángel guardián.

La función del Ángel se multiplica todo el tiempo. Para cada deseo él tiene un servicio. Puedes llamarlo para:

- Alegrar y beneficiar a los niños.
- Vencer cualquier sentimiento negativo.
- Ayudar a trascender los temores que paralizan o bloquean.
- Ser más receptivo con respecto a las oportunidades imprevistas.
- Liberar y reformar viejas estructuras.
- Brindar una energía nueva y transformar nuestro trabajo, nuestras relaciones, etc.
- Encontrar mayor independencia dentro de las posibilidades que nosotros mismos hemos elegido.

Mediante nuestro deseo de arriesgar, experimentar y cambiar, podremos superar los obstáculos en nuestro camino y, además, revitalizar los ámbitos de nuestra vida.

Afirmación para invocar

El Ángel guía me brinda las mejores situaciones en todo momento.
Yo soy mi propia protección infinita.

El ángel del amor

Amor es todo lo bello que se pueda sentir,
es más que todo lo que pueda decir.
Es ese silencio sagrado, es más que un encuentro.
Amor es ritmo, color, poder, melodía, es un arte.
Amor es servicio de los Ángeles
para estar siempre tiernamente unidos a nuestra alma.

Mabel Jam

Cómo visualizar el Ángel del amor

El Ángel del amor es muy bello, irradia su amor por la mirada. Sus colores son en la gama de los rosados, y tan cálida es su energía que sientes toda la enorme ternura de la creación. Sus sonidos son como caricias, y sus palabras como oraciones de adoración constante para que podamos sentir su presencia y también así escucharlo.

Puedes llamar al Ángel para cualquier problema. El Ángel encuentra formas totalmente divinas para ayudarte y protegerte. Especialmente, para curar la energía emocional negativa. Cuando nos sentimos incomprendidos o deprimidos su energía es una caricia de luz. Este Ángel es milagroso. Puedes invocarlo para:

- Armonizarte en todos los planos de la vida.
- Cuando quieres sentirte protegido por la energía amorosa del Ángel.
- Para reconciliarte con tu pareja.
- Para mejorar las relaciones, en todas las áreas de tu vida.
- Si te sientes o estás cansado, o bajo presiones, en distintos niveles de tu vida.
- Cuando tienes problemas con tu pareja de orden afectivo, de comunicación y hasta por problemas sexuales. El Ángel no se detiene con prejuicios sobre el erotismo como los seres humanos.

El Ángel tiene como función asistirnos para crear nuestra felicidad y el desbloqueo de nuestra energía negativa en todos los planos de la vida.

- Si estas abierto y con todo tu corazón para encontrar el alma gemela.

- Es importante también convocar a este Ángel cuando perdimos a un ser amado, ya sea por fallecimiento o por algún tipo de alejamiento brusco.

- El Ángel nos da la fuerza necesaria para comprender con piedad divina el motivo real de la ausencia.

- También, para saber qué tenemos que aprender en ese momento y cómo desapegarnos de esa situación.

Importante: El Ángel del amor rige al signo de Libra porque este signo está relacionado con la casa de la pareja, que es el sector astrológico que le corresponde a este signo. Este tema está explicado y referido en el capítulo 12 de este libro.

Mencionó y describo, en este capítulo, porque es importante que todos los lectores invoquen a este Ángel más allá de la correspondencia astrológica que posean. El amor es la ley que rige a todo el Universo.

Muchas veces las personas me escriben contando sus problemas por haber perdido su pareja. En general, son personas muy jóvenes y tienen miedo de recomenzar otra relación. Luego de un tiempo me comentan que siguiendo mis consejos el Ángel del amor les trajo otra gloriosa amorosa y maravillosa oportunidad a sus vidas.

Afirmación para invocar

El Ángel del amor me da los verdaderos valores.
Yo soy amor, sabiduría, plenitud y poder en crecimiento.

EL ÁNGEL DE LA BELLEZA

La belleza es una irradiación del alma.
Y surge del esplendor espiritual que irradia tu Ángel.

Mabel Iam

Cómo visualizar al Ángel de la belleza

El Ángel de la belleza es tan precioso que su encanto y hermosura aparecen como una luz transparente ante tus ojos. Su luz iluminará tu rostro en segundos. Su voz es tan tierna que abrirá tu corazón. Hasta el más cerrado y desconfiado de los Seres puede captar la belleza cuando el Ángel es invocado. Su mirada es tan dulce que sientes que puede acariciar tu alma.

Los sentimientos de amor que te provocará al llamarlo son tan bellos que puedes llegar a vibrar y sentir el aroma de su presencia como flores silvestres después de invocarlo. Puedes, también, llegar a escucharlo como campanas de melodías suaves y casi lejanas que vibran eternamente.

Cuando lo invocamos, el Ángel de la belleza:

- Convierte nuestros pensamientos en inofensivos.
- Te hace sentir amor y compasión hacia todos los Seres.
- Tus sentimientos se armonizan.
- Comienzas a tener el corazón libre de cargas negativas.
- Percibes toda la realidad como un plan diseñado con belleza por la divina creación.
- Genera creatividad, abundancia sobre el plano laboral y económico.
- Perfecciona todo lo relacionado con lo estético y lo espiritual en forma muy sutil.

Afirmación para invocar

El Ángel de la belleza armoniza cada nivel de mi vida.
Yo irradio belleza y amor.

El ángel del trabajo

Soy un faro que anhela que todos los puertos brillen.
El trabajo del faro es irradiar el canto de los Seres Celestiales,
y alegrar a todos los quieran descubrir,
su propia luz guía en el océano interior y
dirigirse al único destino donde tanto
Ángeles como humanos somos Uno.

Mabel Iam

Cómo visualizar el Ángel del trabajo

La energía del Ángel del trabajo está conectada a la tierra y al cielo, formando una totalidad infinita. Este es uno de los Ángeles más sencillos de visualizar porque de su corazón nace e irradia una energía muy poderosa de luz blanca y dorada que se dirige hacia las profundidades de la tierra.

Su contacto nos permite comprender el real sentido del trabajo que la Creación realiza en nuestro inerior. La invocación del Ángel del trabajo tiene como función:

- Abrir las puertas de la imaginación y de la creatividad laboral.
- Sus fórmulas mágicas provocan que las fuerzas de la naturaleza ayuden a generar nuevos proyectos de trabajo.
- Permite que surjan brillantes y originales ideas.
- Convoca a las fuerzas de la naturaleza para que nos ayuden y se recreen situaciones de permanente crecimiento espiritual.

El Ángel del trabajo ayuda en toda actividad de:

- Investigación.
- Renovación de actividades laborales, arquitectura, decoración y remodelación de casas, etc.

Además, el Ángel nos puede abrir paso para conseguir un trabajo perfecto o ideal para nosotros.

Afirmación para invocar

El Ángel del trabajo me provee de toda la actividad necesaria
para que sea abundante en evolución espiritual y acción correcta.
Yo trabajo para mi evolución infinita y total.

EL ÁNGEL DEL ÉXITO

El éxito consiste en dominar las dificultades.
Todos aquellos que han triunfado en cualquier forma,
lo han logrado a fuerza de sobreponerse de todos los inconvenientes,
porque en realidad son solamente lecciones,
para luego aprovechar de la mejor forma posible
las oportunidades que se presentan.
Valorando y agradeciendo cada pequeña posibilidad,
porque es esto último lo que construye el éxito.

Mabel Iam

Cómo visualizar el Ángel del éxito

Para meditar al Ángel del éxito tienes que visualizarlo con una energía luminosa muy transparente. Su energía casi no tiene densidad. Su presencia provoca plenitud, satisfacción y una sensación de seguridad y protección interior ante cualquier duda, inconveniente o dificultad. Su compañía nos irradia amor para comprender mejor nuestra verdadera misión en esta vida.

Cuando una persona se conecta con el Ángel del éxito sucede que:

- Comienzas a establecer líneas mágicas con otros corazones.

- La presencia de la persona conectada se vuelve un imán magnético positivo para las demás personas.

- La energía de la persona que invoca al Ángel comienza a entrar en un proceso de asimilación, y después de fusión.

- La persona que se conecta irradia una energía luminosa y con esto enriquece a otros en distintas formas de curación, talentos, creación, amor, sabiduría, poder, creatividad etc.

- Se produce el despertar de nuevas energías que hacen descender inspiración constante y luz.

- Los niveles físico, emocional y mental se integran en una coherencia total con el Universo.

- Se encuentra el amor y la cooperación necesarios de las personas.

- El Ángel crea un sentimiento constante de agradecimiento y servicio a los otros.

Logramos un estado de infinita prosperidad a través del Ángel del éxito y nos ayuda a concretar todo aquello que deseamos.

Afirmación para invocar

El Ángel del éxito logra una coherencia perfecta entre mis deseos
y acciones para concretarlos en mi realidad con éxito.
Yo soy el éxito infinito.

EL ÁNGEL DE LA ABUNDANCIA

Ser lo que eres, descubrirlo, reconocerlo, valorarlo
y convertirte en aquello que sueñas,
es el secreto de una vida feliz y espiritualmente abundante.

Mabel Iam

Cómo visualizar el Ángel de la abundancia

Visualizar el Ángel de la abundancia es muy sencillo. Su energía es dorada y luminosa como el sol, su mirada brilla como miles de estrellas.

Su fuerza infinita nos brinda seguridad y el sentimiento de comprender que la providencia existe.

Con la energía del contacto del Ángel tenemos la seguridad de que todo aquello que deseamos alcanzar se hace realidad.

Se puede visualizar como una energía dorada que desciende sobre nosotros y nos protege siempre, con el sentimiento de refugio que se siente ante el abrazo de un gran amigo fiel y atento a nuestras necesidades.

El Ángel de la abundancia ayuda al invocarlo a:

- Utilizar mentalmente datos precisos y efectivos que hacen posibles decisiones concretas en cada momento de nuestras vidas.

- Facilitar la interpretación de la realidad para evaluar todas las experiencias de la vida como oportunidades para aprender y realizar una expansión en todos los niveles.

- Convertir a la persona que lo invoca en un individuo autoconsciente, inteligente y productivo ante cualquier situación.

- Brinda libertad respecto a las actitudes, conductas o acciones, te sientes liberado de bloqueos.

- Aumentar tu capacidad para actuar, y de conducirte más allá de tus propios recursos personales.

- Anima a quien lo invoca a niveles altamente desarrollados de inter-dependencia personal.

- En contacto con el Ángel sientes que las decisiones y acciones no son impulsadas por limitaciones económicas o circunstanciales.

- Aprendes en forma natural que la abundancia es un principio universal que vive en la esencia de todas las cosas.

Puedes invocar al Ángel:

- Cuando sientes que no tienes los recursos internos para generar abundancia en tu vida.

- En los momentos que sientes que estás bloqueado en tu trabajo o en tu carrera profesional.

- Cuando no encuentras orientación interna para seguir una carrera o no poses una marcada predisposición para ningún estudio o trabajo concreto.

- Si por algún motivo que desconoces te sientes vacío.

Simplemente, al conectarte con la energía del Ángel, ya te sientes rico y abundante.

Afirmación para invocar

El Ángel de la abundancia me ama tanto que sólo
tengo que llamarlo para recibir sus dones.
Soy la abundancia en crecimiento.

El ángel de los milagros

Los milagros no son acciones que ocurren repentinamente
cambiando todo nuestro destino de una sola vez.
Milagro es ser consciente de la energía Divina
que habita en nosotros cada instante y vivir,
de una forma sagrada, para honrar y merecer ese milagro.

Mabel Iam

Cómo visualizar el Ángel de los milagros

La presencia del Ángel de los milagros puede visualizarse claramente como una energía luminosa que irradia color verde esmeralda brillante. Ese rayo luminoso es el color para desarrollar la capacidad de curación, vitalidad y la intuición.

La sensación que uno percibe al conectarse con el Ángel es como estar cubierto y protegido por la frescura de pétalos de rosas. Y aparece una fuerza interna similar a su energía, que puedes visualizar como un círculo de cristales que sostiene tu alma.

Su voz es melodiosa y armoniosa, repara con amor infinito todo lo que necesitamos, y hasta aquello que no somos conscientes y que necesitamos sanar de nuestro cuerpo o emociones.

El Ángel de los milagros tiene como función:

- Conectarnos con la energía de la naturaleza y con la esencia de la vida, permitiendo sentir una gran energía renovadora.

- Ayudarnos a percibir aquello que no es visible: las influencias que existen en nuestro ambiente.

- A través de su contacto podemos entender cuáles son las formas de nuestras relaciones, alimentación, actividad, etc. que nos benefician o que nos enferman. Las plantas, por ejemplo, absorben mucho la energía curadora del Ángel cuando lo llamamos; los animales se curan casi instantáneamente.

- El efecto que provoca en las personas es trascendental ya que abre nuestro canal y lo purifica para recibir rápidamente energía vital y poder percibir mejor cómo curarnos a nosotros o a los demás.

- Es tan importante su contacto porque recuperamos la alegría, comenzando a ver la realidad con un sentido de gozo y satisfacciones.

- Ayuda a reparar, también, circunstancias o dificultades para emprender todo tipo de tareas en el mundo.

- Indispensable el contacto con este Ángel para aumentar la fuerza interior, la fe y la fuerza exterior.

- En el plano físico crea milagros; ayuda su invocación constante y diaria a tener disciplina tanto para dietas o para respetar tiempos de medicación rigurosa.

- Aumenta las defensas en el plano inmunológico y es recomendable llamarlo luego de un post operatorio.

- En el plano emocional ayuda a crear una plataforma interna para no tener estados de ánimos cambiantes.

- En el plano mental permite que su luz y su claridad penetre en nuestros pensamientos.

Así comenzamos a crear sistemas de verdaderas ideas divinas y perfectas para transformar nuestra conciencia en un milagro angelical.

Afirmación para invocar

El Ángel de los milagros me ayuda a convertir
mi vida en su totalidad en luz, amor y poder.

El Ángel de la oportunidad

Las oportunidades siempre están abiertas para las personas
que tienen una clara visión de lo que desean
para sus vidas a largo y corto plazo.

Mabel Iam

Cómo visualizar el Ángel de la oportunidad

El Ángel de la oportunidad es el único Ángel que siempre te olvidas de llamar. Su trabajo es parecido al del bombero, porque siempre quieres otra oportunidad después de haberte quemado, a ti mismo, con tu propio fuego. Su energía tiene mil colores y te puede provocar los más bellos sentimientos.

La energía y el entusiasmo del Ángel pueden levantar hasta una montaña. Puedes invocarlo para erradicar toda la tristeza de tu alma, y convertir toda tu vida en una fiesta. Los Ángeles afirman que donde no hay alegría o gozo es porque ellos retiraron su servicio y las oportunidades no se presentan por ese motivo.

La alegría es un don para atraer las oportunidades a tu vida. Al Ángel de la oportunidad puedes percibirlo con una energía de luz color rosa, amarillo y celeste. Se presenta en la visualización, en general, envuelto en una gama de colores claros. Si tu estado emocional es muy bajo y necesitas más estímulo y alegría, puedes visualizar al Ángel envuelto en los rayos del arco iris con luz brillante y fosforescente. Tienes que llamarlo para concertar entrevistas, ganar premios, o simplemente para pedirle que se te presente aquella milagrosa oportunidad que ni te imaginas.

El Ángel tiene por función:

- Con su invocación se pueden lograr encuentros favorables, a veces fortuitos, que suceden aparentemente por obra de la casualidad.

- Este Ángel está indicado invocarlo para emprender grandes cambios positivos; sobre todo, los relacionados con la casa (obtención, compra, alquiler, mudanza) y el trabajo (obtención, planificación de nuevos proyectos y creatividad profesional.

- Terminar con el aburrimiento o la apatía y generar siempre nuevas vías de satisfacción a través de la alegría.

- Gracias a su invocación, es posible que tu suerte cambie rápidamente y en el momento menos pensado. En el campo afectivo, después de una discusión o ruptura, se lo puede invocar junto al Ángel de la reconciliación o del amor. Si aún perdura un sentimiento intenso, el Ángel te brindará una nueva oportunidad.

- Su invocación es especialmente indicada para convertir ambientes fríos en lugares amenos y agradables.

- Actuar sobre personas o niños que se manifiestan tristes, solos o deprimidos.

La llegada de este Ángel fomenta siempre abundancia donde se visualice.

Afirmación para invocar

El Ángel me brinda las mejores oportunidades.
Ahora puedo aprovechar y reconocer todo mi potencial interior.

EL ÁNGEL DEL PERDÓN

Perdonar no es una palabra común.
Encierra el verdadero sentido de la sabiduría.
Tenemos que perdonar todo lo oscuro, cruel y doloroso
que transita en nuestra mente,
para redimir al mundo de toda destrucción.

Mabel Jam

Cómo visualizar el Ángel del perdón

El Ángel del perdón es maravilloso, tiene tantas formas como miles de mariposas y pájaros que existen volando por el cielo. Sus colores nunca nadie los pudo pintar o describir; no tiene palabras su belleza. Se visualiza como un cálido par de alas que te toman del brazo para toda la eternidad.

Su vuelo es directo pero no demasiado veloz. Puede posarse por encima de un niño, es tan delicado y frágil que lo debes cuidar para que siempre que se acerque a ti lo puedas recibir. Tiene el don de comunicar y abrir nuestro corazón para sentir el amor desinteresado que crea la amistad. Es también un

Ángel muy curioso: le gusta saber y conocer los secretos de quien lo llama. Tiene un sentido del humor muy ocurrente y divertido, porque a veces ayuda a conectar gente muy diferente.

El Ángel tiene como función:

- Ayudarnos a aprender la causa y comprender la razón de nuestras tristezas o amarguras y ayudarnos a liberarnos de esos procesos negativos.
- Acompañarnos a todos lados. Donde lo busquemos lo podremos encontrar.
- Después de invocarlo podemos milagrosamente recibir algún llamado o alguna visita imprevista de la persona que estábamos deseando.
- Con este Ángel encontrarás nuevas formas y habilidades para satisfacer tus necesidades.
- Ayuda a despejar la mente para que encuentres la solución a los problemas más difíciles en todos los planos de la vida.

Invocarlo favorece a:

- Expandir tu magnetismo y ayudar a vencer la timidez.
- Facilitar la comunicación con los demás.
- Permite que las buenas ideas sean recibidas por los otros sin distorsiones.
- Genera y atrae nuevas amistades.

El Ángel trabaja directamente su energía sobre el plano afectivo, mejorando las relaciones, dejando de lado los miedos y desarrollando un campo energético de protección en la persona que lo invoca.

Afirmación para invocar

Gracias al Ángel del perdón soy capaz de comprender
en este instante todo lo que puede afectarme en mi vida.
Puedo perdonar y ordenar todo con armonía.

EL ÁNGEL DE LA PAZ

El Ángel de la paz vino a darnos las buenas nuevas:
"La morada que antes era una casa o un cuerpo ahora es luz.
Si comprendes esta sencilla realidad,
la paz reinará en tu corazón conquistando
la verdadera Iluminación y liberación".

Mabel Jam

Cómo visualizar el Ángel de la paz

El Ángel tiene una voz muy imponente, que resuena como un viento cálido. Se presenta con un color azul muy potente. Jamás retrocede ante ningún obstáculo o problema, su vuelo es muy firme y nada lo puede detener, siempre está cerca de nosotros esperando alguna conexión.

El Ángel tiene una presencia que genera entusiasmo y una fortaleza que no te abandona nunca y que no habías sentido jamás antes de acudir al llamado del Ángel.

Puedes invocar al Ángel:

- Cuando adviertas que posees dudas, inseguridades.

- Para ser cada vez más eficaz en desarrollar una actividad.

- Para ayudarte a trasformar tu negatividad.

- Descubrir y conocer tu verdadero poder interior.

- Brinda fuerza espiritual en todos los momentos que sientes que atraviesas por situaciones difíciles ya sea por estrés, tensión o problemas físicos.

- En el caso que necesites mayor autoconfianza en las relaciones personales porque genera alrededor de nosotros un aura muy especial y magnética.

- En los momentos en que sientes pánico de comunicarte por timidez.

- Cuando sientes que no puedes decir NO. Reaccionas exageradamente a los deseos de los demás, buscando complacerlos. Sacrifica tus propias necesidades para quedar bien.

- En el caso que registres que no te haces cargo de la realidad. Difícilmente estás con tu pensamiento en el aquí y el ahora.

- Si necesitas poner más atención a lo que sucede a tu alrededor.

En una situación que temes o sientes miedo de sufrir por un amor que te provocó mucha inseguridad y no quieres comenzar otras relaciones, por ese mismo temor.

Afirmación para invocar

> El Ángel de la paz está siempre en mi corazón
> y nada puede dañarme.

EL ÁNGEL DE LA PRESENCIA

> El contacto consciente y directo de la energía divina,
> a través de la presencia angelical
> que tú irradias en todos tus actos
> es la forma mágica y concreta de emanar
> el misterio extraordinario de la toda la Creación.
>
> *Mabel Iam*

Cómo visualizar el Ángel de la presencia

Puedes percibir al Ángel de la presencia por su diáfana y clara energía. Nos ayuda con su contacto a reflejar en nuestra mirada nuestra alma. Cuando comenzamos a percibir su presencia Angelical en nuestra invocación, alcanzamos una estatura y una magnificencia distinta.

Este Ángel es el encargado de centrarnos en el eterno aquí y ahora. A medida que lo invocamos comenzamos a percibir que nuestro centro cardíaco está más abierto, y nuestra esencia magnética de amor comienza a expandirse en todo nuestro mundo externo.

Los colores con los que se presentan son el amarillo, el rosado y el celeste intenso. Su presencia se siente como un anclaje profundo en nuestro interior. Importante para invocar a este Ángel en especial: Recomiendo la utilización de un vídeo o de un simple espejo para observar como es nuestra actitud antes y después del llamado de este Ángel. Es importante tener en cuenta y observar nuestra postura física, mental o emocional ante cada situación para poder evaluar los cambios concretos que su irradiación nos provoca. Quizás adviertas una mayor soltura y serenidad en tu comportamiento.

El Ángel de la presencia tiene como función:

- Asistirnos para tener una actitud positiva diaria con las personas con las que estamos en contacto.

- Ayudar a comprender en forma consciente todos los sentimientos que generamos en los demás.

- Permitir mantener firme nuestra posición ante los demás, sin parecer obstinado.

- Ayudar a dominar las situaciones, manteniendo la ternura y la docilidad.

- Ofrece respuestas claras para poder comprender los siguientes planteos: ¿Qué hago para favorecer una experiencia de entusiasmo, de confianza en sí mismo, de interés, de sorpresa, de expresión de una emoción, etc.? ¿Cuáles son las características principales y parámetros de comportamiento postura, expresión del rostro, tono de voz, respiración, etc.?

Afirmación para invocar

El Ángel de la presencia: me da la magia correcta para
atraer todo lo perfecto para mi evolución.

EL ÁNGEL DE LOS SECRETOS

El secreto es que no existe futuro, ni pasado,
sino el eterno presente.
Todo lo que quieras revelar, saber o decretar
será concedido y manifestado,
siempre que lo hagas confiando en tu interior
como tesoro inagotable que se resume
en las palabras mágicas aquí y ahora.

Mabel Jam

Cómo visualizar el Ángel de los secretos

El Ángel de los secretos es el más sutil de la Creación porque es el que se encarga de comunicarnos todo lo que el Universo puede crear. Tiene gran sentido de adoración y devoción cuando realiza el servicio de iluminarnos, hasta llegar a lo más profundo del Ser Interior. Su presencia provoca rapidez mental, logrando que nuestra conciencia pueda danzar en el infinito. Su voz es melodiosa y suave.

La energía de su luz es amarillo brillante y celeste como el cielo al mediodía cuando no hay nubes en el horizonte. Su trabajo es arduo como el de un alquimista que convierte el carbón en diamante. Su fuerza es ilimitada como la transparencia y brillo que este Ángel posee.

El Ángel tiene como función auxiliarnos cada vez que lo invoquemos:

• Puedes llamarlo para modificar hábitos de conductas negativas o adicciones en general. Desde comer en exceso hasta algún tipo de adicción como el cigarrillo o el alcohol.

• Puedes llamarlo para pedirle luz para tus zonas más sombrías e inconscientes.

• La fuerza curativa y sustentadora que se produce al descender la energía del Ángel te conducirá a tu propia transformación, regeneración y despertar.

Con su presencia podemos lograr:

• Captar energía del cosmos.

• Activar y potenciar el poder de los objetos mágicos.

• Incentivar la inteligencia, el discernimiento y la comunicación.

• Atraer a fuerzas angélicas y Seres de Luz para recibir ayuda espiritual.

• Detectar centros energéticos dentro de un ambiente o sobre un campo determinado de energía.

• Ayudar a curar y transformar en el nivel físico, emocional y mental.

Afirmación para invocar

El Ángel de los secretos me da las llaves
de todas las puertas que quiero abrir
para disfrutar todas las maravillas de la vida.

El ángel de la voluntad

Ejercitar la voluntad significa un esfuerzo
perseverante y paciente.
A través de ese esfuerzo,
los sentimientos elevados de un individuo
crearán gradualmente un gran depósito de energía y armonía.

Mabel Jam

Cómo visualizar el Ángel de la voluntad

El Ángel de la voluntad tiene una apariencia sutil. Se presenta con un color azul intenso y brillante como el color del cielo cuando amanece. Irradia con su presencia una sensación de fuerza enorme, con su contacto te sientes capaz de levantar el mundo con una sola mano. El contacto con este Ángel propicia una sensación de enorme serenidad. Luego de asimilar la energía de la voluntad divina de este Ángel, percibes tu misión personal y tu función divina como parte de la gran totalidad universal.

Una confirmación clara de nuestra correcta meditación con este Ángel produce una sensación corporal de calor, como si la sangre estuviese intensamente latiendo dentro de nosotros.

La función del Ángel de la voluntad es muy amplia:

- Este Ángel tiene un rol muy importante, porque su servicio es esencial para el plan divino y la voluntad universal.

- Puede ayudarnos a discriminar nuestra verdadera y profunda voluntad, de los deseos de otras personas.

- Su función es proteger nuestro núcleo interno y nuestra riqueza interior.

- Iluminar con energía sólo aquellas cosas que realmente merecen atención para tu desarrollo y evolución.

- Cambiar una decisión desfavorable después de haber sido tomada.

- Cuando utilizas el poder del Ángel de la voluntad sientes que posees una energía ilimitada.

- Centrar y concentrar el poder mental instantáneamente, formas que le hacen actuar igual que un rayo láser.

- En caso de tener algún problema físico es importante repetir tu nombre mentalmente y elevarlo al Ángel de la voluntad y del poder para que te asistan y refuercen tu natural estado de salud, generando así la energía espiritual y aumentando las defensas que sean necesarias para combatir la enfermedad.

Afirmación para invocar

El Ángel de la voluntad me entrega fe, gracia y bendición eterna.
Yo soy la voluntad y edifico mi vida con la divinidad.

EL ÁNGEL DE LA ARMONÍA

Mientras nuestra alma y nuestra personalidad estén en armonía,
todo será paz y alegría, felicidad, prosperidad y salud.
Cuando la personalidad se desvía del camino
trazado por el alma, surge el conflicto.
Por ello, sólo debes escuchar el susurro de tu alma
que trascendiendo lo conocido te guiará hacia las maravillas
inéditas y únicas nunca imaginadas o esperadas por ti, desde siempre.

Mabel Iam

Cómo visualizar el Ángel de la armonía

El Ángel de la armonía es un rayo de luz que aparece en forma repentina, sus colores para visualizarlo son azul intenso y tiene un rayo blanco-dorado en su cabeza, que lo distingue de los demás Mensajeros de Luz. Él puede ayudarnos y penetrar en nuestro interior para abrir esos bloqueos que nos agobian.

Cuando invocas a este Ángel, se restablece la armonía, se liberan las tensiones en una relación o de la persona que lo llama, y se aplaca la agresión. El Ángel de la armonía genera un campo positivo en el lugar en que se trabaja espiritualmente o en el espacio que se lo invoca.

La función del Ángel es:

- Brinda alegría y deseos de vivir porque su invocación desbloquea tanto el cuerpo como la mente.

- Renueva los aspectos personales que menos te satisfacen de ti mismo y con su llamado concretarás deseos y tomarás nuevos rumbos más satisfactorios.

- Ayuda a eliminar la ansiedad de la depresión. Especialmente indicado para lograr una recuperación rápida, incluyendo problemas afectivos de pareja.

- Permite mayor concentración, rapidez de reacción, capacidad de comprensión de nuestra realidad.

- Nos ayuda a aprender a aprovechar las posibilidades que se presentan, enriquecer nuestro caudal de conocimiento reconociendo nuestros recursos con conciencia de responsabilidad.

- Brinda creatividad, intuición, sensibilidad, confianza en nosotros mismos; entendimiento armónico y perseverancia para lograr nuestros objetivos.

- Afirma nuestro Ser para expresar mejor los sentimientos y ser más receptivos para englobar nuevas posibilidades.

- Aumenta tus conocimientos y puedes asimilar realmente tus experiencias.

- Guía y ayuda a quienes nos rodean.

- Con su asistencia podemos convertirnos en líderes y benefactores de la sociedad.

Afirmación para invocar

Yo soy la unión en perfecta armonía con la totalidad.

Capítulo 5

TRANSFORMA TU VIDA EN MILAGROS

Vibra cada instante de emoción al percibir
las maravillas del deleite de la Creación.
Disfruta cada minuto que transcurre.
Vive dando lo mejor de ti.
Manifiesta la máxima expresión de todo tu Ser.
Aprende más cada día sobre tu persona
y el mundo que te rodea.
Ama intensamente y demuéstralo
aunque sea con una mirada.
Escucha en silencio las palabras del ser amado.
Perdona sin réplica una ofensa.
Contempla apaciblemente la alegría de un niño.
Acepta al adolescente con sus inquietudes.
Acompaña con gratitud la ancianidad en su soledad.
Invita a un amigo a tomar el té, y logra hacerlo feliz.
Invoca a un Ángel cada día.
Agradece al Universo su luz y sus estrellas.
Si realizas alguna de estas oraciones es porque has
aprendido a rezar en secreto y a orar en voz baja.
Si realizas alguna de estas acciones, aquí y ahora,
es porque eres Celestial y conoces el arte
de hacer milagros.

Mabel Jam

Tus capacidades milagrosas

El Ser humano goza de una serie de capacidades extraordinarias que lo diferencian de las otras criaturas vivas. Entre ellas se cuenta la capacidad de obrar milagros en su existencia de cada día; a veces es tan rápido el devenir del tiempo en la realidad física, y el hombre está tan plagado de diversas ocupaciones que no toma conciencia de los momentos mágicos que le regala el Universo. Es interesante que la mayoría de las personas piensen que los milagros (hechos extraordinarios) siempre fueron considerados como expresiones de la verdad y de la gracia Universal. Sin embargo, no hay ninguna religión que tenga la exclusividad de los milagros o hechos extraordinarios. Las personas de ideologías diferentes: católicos, evangelistas, protestantes, etc., pueden realizarlos. Para analizar cómo acontece un milagro tenemos que empezar a observar cuándo ocurre algo fuera de lo normal (no necesariamente sobrenatural), algo que a veces es visto como un milagro. Sabemos que detrás de ese hecho siempre hay una persona actuando con la totalidad de su Ser. En ese momento la persona se manifiesta como una unidad perfecta.

Su voluntad, emoción, instinto, cuerpo, palabra, pensamiento, todo sigue la misma dirección, todo vibra en la misma frecuencia, en el mismo instante. Podemos observar las siguientes características fundamentales en las personas que en general están actuando en aquello que llamamos milagros:

- Decisión = Determinación de hacer algo.
- Objetivo claro y concreto.
- Deseo ardiente de conseguirlo.
- Convicción de poder conseguirlo.
- Conexión con los Seres Angelicales.

¿Cuáles son los medios que ayudan a lograr los milagros?

Pensamiento positivo, afirmaciones, anhelo, voluntad, visualización, emoción, instinto, concentración, paciencia, intuición y persistencia. Todos los seres humanos poseemos estas características o las desarrollamos en forma natural. Si piensas en la causa, en este momento, que te ha llevado a leer este libro es por que deseas Ser Angelical.

Tú sabes profundamente que tus capacidades pueden ser expresadas en grandezas, prodigios, maravillas y deseas trascender lo cotidiano. Deseas hacer milagros, tu alma te ha impulsado a lo largo de la eternidad a evolucionar y a extender la vida hasta la creatividad.

Desde el pensamiento más insignificante hasta el más luminoso, una y otra vez, tu espíritu te ha impulsado de experiencia en experiencia, de aventura en aventura, para este poder de realizarse a ti mismo, con la posibilidad del entendimiento de la totalidad de tu Ser. Y lograr realizar de tu vida un Milagro, esto es lo que tu corazón anhela realmente.

Tú puedes modificar todas las áreas de tu vida con el trabajo espiritual y con la ayuda de los arquetipos Angélicos; tú puedes desarrollar todas tus capacidades divinas, pero para ello debes trabajar con una real y pura sinceridad contigo mismo. Esa es la única forma de llegar al Ser Celestial. Este capítulo está escrito y diseñado para que encuentres las técnicas concretas de los diferentes aspectos de la existencia que todos podemos identificarnos. Las mismas están creadas para que puedas hacer de tu vida un milagro, aquí y ahora. No esperes más, comienza ya. Si tú logras realizar mi propuesta y puedes irradiarlo a otros, la humanidad en su totalidad será Angelical.

El poder de la transformación

Lo primero que debemos pensar es que tienes que cambiar los patrones de pensamiento y de las creencias.

Transformar es cambiar las formas, trascender las apariencias fijando nuestra atención en la esencia que las resume. Cuando somos capaces de profundizar en un problema, relación, pensamiento, podemos transformarlo. Si nos quedamos en la superficie, siempre seremos víctimas de aquello que llamamos destino. No deberíamos quejarnos de nuestro destino, pues en nosotros está la clave para cambiarlo y redirigirlo. El problema es que nos identificamos con las circunstancias exteriores y perdemos nuestra verdad interior, nos preocupamos por los detalles y perdemos la gran visión de la totalidad. Cuando conectamos nuestra verdadera esencia, con nuestro Yo Superior, las formas cambian, nuestra actitud, confianza, las circunstancias y las personas que nos rodean, también. No necesariamente cambian las personas como identidades sino en relación a nosotros.

Es fundamental que adquieras más conciencia o alerta en las situaciones ordinarias de tu vida, así el poder de la presencia Angelical irá creciendo en tu interior. Ninguna inconsistencia ni negatividad, ninguna discordia o violencia podrán entrar en tu campo energético, y ninguna fuerza oscura podrá llegar a ti o sobrevivir, del mismo modo que la oscuridad no puede subsistir en presencia de la luz.

Cuando penetras en el reino del interior encontrarás una profunda quietud y paz, pero también alegría e intensa vitalidad. Cuando comienzas a conectarte a tu luz interna, con la pura conciencia que emana de tu interior, podrás trasformar tu vida sin limitación de espacio y tiempo. Luego, cuando retomes de esa conexión, un aspecto esencial ha cambiado en tu vida, porque has vislumbrado la única y verdadera realidad que habita dentro de ti.

EJERCICIO

Puedes utilizar este ejercicio para transformar una situación, un problema físico, un conflicto emocional, una relación o simplemente para ayudar a hacer milagros en el mundo:

Siéntate o estírate en un lugar en el que nadie te pueda molestar.

Cierra los ojos y relájate.

Permite que en tu mente aparezcan aquellas opiniones y comportamientos negativos que te molestan en ti o en los demás.

Recuerda situaciones concretas en las que te dejaste dominar por la negatividad.

Dirígete a tu Ángel de los milagros (utiliza la visualización y descripción del capitulo 4) y con toda la humildad solicita su ayuda. Visualiza una luz pura y cristalina que invade todo tu ser como un torrente de amor limpia todo lo negativo que sientes y que no te permite evolucionar.

Visualiza cómo esa luz inmaculada convierte tus pensamientos, tus emociones en una energía luminosa y fluida. También, esa fuerza luminosa, celestial y potente produce una gran transformación en todos los aspectos de tu vida.

Después que hagas este ejercicio sería bueno que observes los cambios que ocurren en tu vida. Anota todo lo que sea importante, como indica el capitulo 10 de este libro. Sigue esas sugerencias. Si surge una situación que tienes que afrontar ahora, la acción revelada de tu conciencia del momento será clara e incisiva. Trata de escuchar tu voz interior y seguir tu intuición también. Es muy probable que sea efectiva. Porque no será una reacción nacida de tu condicionamiento mental previo, sino una respuesta intuitiva a la situación.

Repite este ejercicio con la frecuencia que tú sientas mejor para ti, y realízalo hasta que logres tu objetivo. Es sorprendente saber que nuestro Ser Angelical puede resolver problemas de una forma tan simple, fácil y asombrosa. Cuando más practiques este ejercicio y obtengas más logros, confiarás ampliamente en el milagro de la trasformación.

Recuperar la confianza

Tener coraje es ser consecuentes con nosotros mismos, a pesar de lo que puedan decir las personas que nos rodean y no nos dejan ser quienes realmente somos. Comprender que la existencia es un proceso en marcha, y lograr el éxito de nuestro proceso espiritual es prestar mucha atención al esquema de energías Angelicales que nos alimentan e instruyen. La energía radiante de nuestro espíritu ilumina el camino y obtenemos ayuda del Universo, en forma permanente. En este camino de la confianza interior es imperativa la fe, o el escuchar en el silencio del interior a nuestro Ser Celestial, que nos ayudará a abrir todas las puertas que encontremos bloqueadas. La confianza es la esperanza aceptada que nuestras intenciones y deseos serán atendidos, como un niño confía en que su madre lo alimentará. Simplemente sabe, espera o pide, pero no conoce el menú de todos los días, nadie le da una carta detallada. Su madre le brindará en la mesa a la hora apropiada el alimento que necesita, tan balanceado como el equilibrio del amor. Así se comporta la ley Universal con nosotros pero queremos detalles, datos, cifras, la mente no confía. Sólo el corazón conoce y sabe, sin preguntar. Si queremos evolucionar interiormente y llegar a integrar todas nuestros potenciales y aspectos emocionales, mentales y espirituales (es el objetivo de la vida encarnada) debemos estar abiertos a lo inesperado y ser valientes ante lo desconocido. Arriesgarnos puede darnos miedo porque la mente genera dudas en nosotros, pero sin coraje es imposible liberarnos de las cargas pesadas y del temor para reconocer nuestra verdadera esencia, aquella que nos alimenta eternamente.

Ejercicio

Siéntate en un lugar tranquilo y en el que estés seguro de que nadie te vaya a molestar o interrumpir. Descuelga el teléfono o desconecta cualquier interferencia que puedas tener. Lentamente, cierra los ojos y deja que la quietud que experimentas se apodere de ti.

Visualiza un rayo de color rosa dorada (que representa el amor Universal) esta luz penetra a través de tu cabeza hacia el corazón. Siente que tu corazón se expande y se alimenta de esa energía, permite que suceda durante unos minutos. Puede ser que afloren distintas emociones, libera toda sensación de angustia o de peso interno.

Ahora percibe la quietud que hay dentro y fuera de ti y entrégate a ella, sin miedo, con coraje.

Visualiza cómo esa misma confianza crece y te colma de fuerza y valor. Es el Ángel de paz que estuvo prisionero en tu yo interno. Quizás, el Ángel estaba cuidando al niño asustado que habita en tu mundo interior, y éste le pidió que lo proteja, sin registrar que ya tiene los elementos, las herramientas y la libertad de un adulto. Libera esa parte tuya infantil. Invítalo a entrar a tu nueva transformación. Al Ángel pídele una gracia o un milagro. Dale las gracias por hacerlo.

Este ejercicio es muy simple. Su resultado es maravilloso, porque comienzas a sentir que el velo del miedo que nublaba tu conciencia comienza a desplazarse como un telón. Cuanto más realices este ejercicio, la alegría, el entusiasmo, el coraje y la confianza renovada se instalarán profundamente en tu vida.

CÓMO RESCATAR LA TERNURA

Ser tiernos es acercarnos al niño que todos llevamos dentro y ver la vida con sus ojos, con su capacidad de asombro, con su libertad, característica de aquel que vive el presente eterno.

La ternura es adaptación a los ciclos de la vida mientras que la dureza es parálisis producida por el miedo. La ternura es libertad, porque siempre es amor.

EJERCICIO

Siéntate o estírate en un lugar aislado de los demás y tranquilo. Lentamente cierra los ojos y relájate. Permite que en tu mente aparezcan aquellos pensamientos de violencia y aquellos comportamientos poco tiernos que te molestan en ti o en los demás. Recuerda situaciones concretas en las que no supiste controlarte y te dejaste dominar por la violencia.

Si lo deseas haz una lista previamente a la relajación, de todo aquello que bloquea tu ternura o afectividad, pero tratando de recordar situaciones concretas, no conceptos aislados.

Dirígete al Ángel del amor con toda la dulzura que puedas y pídele su ayuda. Visualiza una luz pura y cálida que te abraza con toda la ternura posible disolviendo toda la violencia que hay en ti.

Visualiza tu violencia, rudeza, hostilidad como un volcán que explota, tu agresión o desprecio alimenta ese fuego y lo hace más intenso.

Ahora convoca al Ángel para que trasforme ese volcán en un lago de agua cristalina transparente, pleno de luz traslúcida, clara y diáfana.

Si aparece otra imagen en el momento en que estás visualizando tus emociones más coléricas respeta esa misma imagen, pero utiliza la descripción del lago para transmutarla.

Ahora invita al Ángel que tome tu corazón, y lo acaricie, curando cada herida que poseas o sientas, cada rencor, cada inhibición, cada desconfianza, que la libere al pasar su mano por tu pecho. Por último permite que el Ángel vuelque una vasija con el líquido de ese lago. Éste posee la alquimia que necesitas para terminar de cicatrizar tus heridas. Ese líquido contiene los elementos que te van a nutrir de amor y transformar tu corazón, permitiendo que la fuerza de la Ternura se apodere de ti.

Este ejercicio lo enseño aún a las personas que creen que expresan el amor con facilidad a los demás. Muchas veces esas son, justamente, las personas que no se toman el tiempo para ser tiernos consigo mismos. Entonces es mejor practicarlo con una frecuencia siempre de unos minutos durante la semana. En caso que sientas que tienes que mejorar ese aspecto de tu crecimiento personal, se recomienda realizarlo diariamente.

CREAR PROSPERIDAD

"Cada uno de nosotros está recibiendo, procesando, recreando y emitiendo energía vital. Quien consigue armonizar su movimiento individual con el Universal, llega a experimentar la providencia Divina en todas las cosas".

La prosperidad y la abundancia no son solamente dones materiales. Se manifiestan en el Universo físico, pero también se encuentran en todas las dimensiones del Universo y en todos los planos espirituales. Por lo tanto, no pueden ser medidos por la cantidad de bienes materiales, sino por el estado de espíritu de cada individuo. El dinero es energía y como tal tiene que estar en movimiento. Cuando hablamos de atesorar cosas materiales también estamos hablando de aquellas cosas que ya no nos sirven pero que seguimos guardando "para cuando las usemos". Si existe algo a tu alrededor que no has usado a lo largo de unos años, seguramente ya no lo necesitarás, es mejor dárselo a quien si lo pueda utilizar, venderlo, regalarlo o desecharlo pero no conservarlo. También nuestros pensamientos y creencias que ya no nos alimenta que no eleva nuestro Ser Celestial debemos liberarlas de nuestra mente. Un pensamiento o creencia que eres conciente que detiene tu evolución tienes que cambiarlo por un espacio pleno de luz, pero al mismo tiempo vacío. ¿Puedes imaginar un espacio vacío y pleno de luz al mismo tiempo? Si alcanzas esa idea comenzarás, ya mismo, a sentir tu prosperidad interior. Muchas veces el miedo a la carencia, a no tener nada, no nos permite llegar a un estado abundante, por ello, la importancia de la imagen que se ha dado anteriormente, un espacio como una vasija vacía pero muy luminosa, este es un símbolo muy importante para meditar. Piensa en todas las cosas que tienes a tu alrededor que a veces obstaculiza el fluir de tu ritmo. Crea otra realidad material y espiritual, este es el momento indicado.

El dinero no es el único símbolo de la abundancia, pero el dinero es también una energía creadora y como tal tú la puedes manifestar como todos los temas que se desarrollan en este capítulo.

La pregunta que surge es: ¿Y el estado de espíritu cambia la realidad física?

Claro que sí. Debes tener claro que lo deseas y, además, lo mereces. Puedes llegar a Ser extraordinariamente próspero, a través de las tantas posibilidades y oportunidades en su abundante totalidad que existen en el Universo.

La abundancia es un estado de plenitud, no es algo que se compra o pueda venderse.

Como ya lo expresamos en este libro, la afirmación juega un rol importante en nuestro trabajo espiritual. Para ello te invito a hacer una lista de afirmaciones (las técnicas que puedes utilizar para realizar éstas son las explicadas en el capítulo 2 de este libro):

Yo (di tu propio nombre, lector) merezco ser próspero y rico.

Mi conexión personal con la inteligencia universal es total.

El dinero es mi amigo.

Mi bienestar no tiene nada que ver con mi éxito económico.

Yo ahora y aquí quiero tener éxito.

Perdono a mis padres por la manera en que me trataron con respecto al dinero.

Comparto mi Prosperidad con los demás.

Yo (di tu propio nombre) merezco amor.

Mi riqueza me ayuda a conseguir libertad.

Mis ganancias son mayores que mis gastos.

Todo el dinero que gasto vuelve a mí multiplicado.

Todos los días mis ganancias aumentan.

Todas mis inversiones son lucrativas, tanto en dinero como en experiencias valiosas.

Elimino la escasez de mi vida.

Soy un vehículo para la abundancia Universal.

ENCUENTRA TU TESORO INTERIOR

Siéntate o estírate en un lugar en el que creas que nadie te va a importunar. Lentamente cierra los ojos y relájate. Permite que aparezcan aquellos pensamientos de pobreza, fracaso, inseguridad, o aquellos sentimientos que te provocan el rechazo de otras personas que amas o que aprecias; piensa en aquellos que crees que podrían tener una mejor calidad de vida. Ahora trata de relajarte más profundamente y pídele a tu Ángel de la guarda que te dirija a un lugar interior donde la prosperidad y la abundancia brillen.

Llama al Ángel de la abundancia, utiliza la descripción del capítulo 4 de este libro. Y en ese mismo espacio de tu interior pide que te acompañe al repetir muchas veces algunas de las afirmaciones que hemos comentado anteriormente, hasta que resuenen como un eco dentro de ti.

La afirmación para repetir puede ser la siguiente:

"Yo, (tu nombre), comparto mi prosperidad con los demás".

Otro ejemplo:

"La prosperidad del Universo viene a mí, (tu nombre), sin esfuerzo, porque soy parte de él y me lo merezco".

Trata de ver, sentir y crear la energía de cada afirmación que repitas mentalmente.

Invita al Ángel de la abundancia a que te ayude a descubrir tus tesoros internos, esos dones que tienes latentes y que puedes desarrollar en actividades que te satisfagan y te hacen sentir pleno a ti y a los seres que te rodean.

Imagina que estos dones o talentos florecen en tu jardín interior. Pide al Ángel de la Abundancia, que señale dónde tienes que plantar las semillas en tu interior y cuáles son las cualidades o semillas que más necesitas trabajar o reforzar para tu próxima cosecha abundante.

Ejemplo de semillas

Amor	Criterio	Conciencia
Optimismo	Alerta	Persistencia
Ternura	Valor	Inocencia
Fe	Frescura	Lealtad

Cuando sientas que el ejercicio concluyó abre los ojos con la seguridad de haber creado una nueva zona de prosperidad en tu vida. Realiza este ejercicio todas las semanas, mínimo una vez. Si tienes problemas con tu vocación, puede ser muy útil que lo realices con más frecuencia.

Es también este ejercicio recomendado para las personas con problemas en la concentración de sus estudios.

El verdadero milagro: el perdón

El perdón es una fuerza que permite evolucionar a nuestra alma; muchos de nosotros, sin siquiera saberlo, arrastramos el peso de las ofensas que hemos hecho y que hemos recibido.

El perdón es el tema central de la vida espiritual desde que la humanidad existe. La persona que no perdona está llena de temor y no ofrece al amor un espacio verdadero en sus relaciones. El individuo que no perdona posee una mente llena de dudas y confunde con mucha facilidad la realidad de su propia existencia. Esa persona se encuentra tapada de nubes creadas por su mente que no le permiten ver más allá de sus temores, tanto acerca de sí mismo como de los demás.

Las personas que perdonan se liberan a sí mismos de las ilusiones que genera el ego, mientras que aquellos que rechazan el perdón se vinculan con las creencias negativas de una mente cargada de aflicciones emocionales.

En todas las culturas se realiza un día de perdón, un ritual de absolución y una oración de piedad, con el objetivo de evolucionar, y seguir avanzando en el camino sin las cargas de los apegos negativos de la personalidad.

Relaciones con amor

Si tú crees que no tienes una relación de verdadero amor y sincero entendimiento con tu pareja; o si tienes relaciones conflictivas con los demás; o no encuentras la persona correcta para compartir tu vida, entonces debes trabajar con el perdón tanto para ti mismo como hacia los demás.

La vida es una escuela en la que tú tienes que ser siempre un estudiante para alcanzar la excelencia. El perdón es una de las materias más difíciles de aprender. Consideramos que guardar rencor es más fácil y más seguro, ya que esto impide que las personas que en algún momento nos hicieron daño nos vuelvan a lastimar. Nada está más lejos de la verdad.

Tenemos que ser conscientes que el perdonar nos hace libres, nos quita la carga. La energía acumulada en nuestro organismo por el rencor baja nuestras defensas desencadenando enfermedades.

Sólo basta perdonar para darnos la oportunidad de vivir en libertad. No es necesario que la persona a la que perdonamos se entere de nuestro gesto. Tampoco tenemos que reiniciar la relación si no lo deseamos. El perdón nos sirve para que este tipo de recuerdos no nos dañe más, para que ya no nos duelan.

Es necesario antes de perdonar a los demás aprender a perdonarnos a nosotros mismos. Dejar de atormentarnos por lo que hicimos o dejamos de hacer.

Elimina la culpabilidad de tu esquema de vida y en su lugar saca provecho de tus errores aprendiendo de ellos y no volviendo a cometerlos. Para perdonar elige actuar mediante la compasión, la comprensión y la ausencia de juicios.

Recuerda: El perdón es para el bien de la persona que perdona.

Ejercicios para perdonar

Visualiza todas las personas con quienes hayas sostenido interacciones significativas en tu vida: padres, parejas, hijos, jefes, arrendadores y así sucesivamente. El invocar una visualización de ellos los pone a ustedes en contacto con sus propios Seres Celestiales. Quizás este proceso podría tomar algún tiempo. Es positivo para realizar este ejercicio reservarse una hora del día.

Realiza estos ejercicios, que a continuación se explican y los milagros que aparecerán en tu vida serán infinitos. Considera cuál se ajusta más a tu caso y realiza los mismos en la forma que será detallada.

Examínate a ti mismo a través de estas preguntas. Cada ejercicio tiene un sentido diferente y son pasos con los que puedes ir profundizando en el interior de tu ser. Trabaja con estas preguntas con profundidad, respeto y con el amor que te mereces a ti mismo.

Recomiendo que el orden en que trabajes con el tema del perdón tengan esta secuencia aquí presentada:

1. Escribe una lista de todas las personas importantes en tu vida (por ejemplo: padres, padrastros, hijos, hermanos, amigos, jefes, parejas, amantes, Dios).

2. Mira la lista y toma un momento para visualizar la cara de cada uno, revisando en silencio tu relación con ellos.

3. Dibuja un círculo alrededor del nombre de la persona a quien sería más difícil mirar a los ojos y decirle "te amo".

4. Intenta escribir y creer en una afirmación que comience de la siguiente forma: "Yo te perdono por . . ."

5. Luego, repite mentalmente por alrededor de 10 minutos una o dos veces al día algunas de estas afirmaciones durante un mes cada una: "yo te perdono totalmente . . ."

EJERCICIO 1

Qué es lo que no le has perdonado a otros:

Todavía no he perdonado a mi padre por . . .

Todavía no he perdonado a mi madre por . . .

Todavía no he perdonado a mi hermano por . . .

Todavía no he perdonado a mi amante por . . .

Todavía no he perdonado a mi amigo/a por . . .

Todavía no he perdonado a mi vecino por . . .

Todavía no he perdonado a mi jefe por . . .

Todavía no he perdonado a mis maestros por . . .

No he perdonado aún a . . . por lastimarme.

No he perdonado aún a . . . por no haberme . . .

No he perdonado aún a . . . por no prestarme dinero.

No he perdonado aún a . . . por mentirme.

No he perdonado aún a . . . por haber dicho de mí . . .

No he perdonado aún a . . . por no haber sabido . . .

No he perdonado aún a . . . por no haberme dado . . .

No he perdonado aún a . . . por no haber estado cuando . . .

Estoy enojado/a con las mujeres por . . .

Estoy enojado/a con los hombres por . . .

Estoy enojado/a con mi pareja por . . .

Estoy enojado/a con la gente por . . .

Ejercicio 2

Qué es lo que aún no te has perdonado:

Estoy enojado/a conmigo mismo/a por . . .

No me he perdonado por . . .

Otra cosa por la que no he perdonado es . . .

No me he perdonado por haber sido . . .

No me he perdonado por haber estado . . .

No me he perdonado por haber pensado . . .

No me he perdonado pro haber dicho . . .

No me he perdonado por haber sentido . . .

No me he perdonado por haber querido . . .

No me he perdonado por haber culpado a . . . de . . .

No me he perdonado por haber lastimado a . . .

No me he perdonado por no haber dado . . .

Ejercicio 3

¿Qué me sucede cuando no perdono?

¿A quién nunca he perdonado, quizás, a mí mismo?

¿Qué pierdo cuando no perdono?

¿A quién dañamos cuando no perdonamos?

¿Qué relaciones importantes en mi vida se han deteriorado por falta de perdón?

¿Qué relaciones importantes en el trabajo necesito mejorar y no lo he hecho por falta de un perdón?

Si lo deseas para responder estas preguntas, realizar estos ejercicios y para afirmar el perdón, colócate frente a un espejo. Afirma y responde con sinceridad y con intención de perdón. Puede que te tome varios intentos pero llegará un momento en el cual tendrás la certeza de haberlo logrado.

No es posible que te manipules con respecto a perdonarse a ti mismo o a los demás. Para saber si uno ha perdonado sinceramente, observa la gratitud que se va profundizando en tu ser. Una vez que te sientas agradecido, sentirás una verdadera liberación interior y una mayor conexión con los Seres Celestiales. Sentirás un profundo aprecio hacia ti mismo y hacia las demás personas. Sería interesante que cada noche revises tus relaciones con los demás cancelando los enojos, reclamos, broncas o acusaciones que hayan quedado pendientes durante el día. Recordar, siempre, también, perdonarte a ti mismo/a por tus equivocaciones, y por las cosas en las que todavía no veas cambios ni los resultados esperados.

El perdón es un proceso que actúa de la superficie a lo profundo. Se integrará a nuestra vida como una costumbre y esto permitirá que liberemos los residuos negativos del día. Así, la próxima jornada comenzará con una actitud renovada con las relaciones, menos severa tanto contigo mismo como con los demás. Podrás cambiar el modelo de tus expectativas y los deseos que aparezcan cada día serán limpios, puros, sin cargas, porque nacerán directo del corazón.

El perdón es la llave de la satisfacción y del amor.

INVOCANDO A LOS ÁNGELES PARA PERDONAR

Para completar el ejercicio y fijarlo en los planos superiores de conciencia Angelical es importante realizar este trabajo que se menciona a continuación:

Colócate en una posición cómoda, cierra los ojos, y realiza algunas respiraciones profundas.

Imagina que estás en un lugar agradable, cómodo y seguro. Advierte la paz que sientes allí. Estás muy a gusto, en calma y en completa relajación. Inspira, y siente cómo te invade una fuerza tranquila y serena.

Invoca al Ángel del amor y la sabiduría para que te ayude a aclarar tus sentimientos y juntos iluminen tu alma en el momento del ejercicio.

Ya tienes muy claro, después de los ejercicios anteriores quién es la persona que todavía no has podido perdonar.

Si eres tú mismo, imagínate como otra persona en frente de ti y continúa con la siguiente visualización.

Ahora piensa en una persona que te provoque algún resentimiento, puede ser del pasado o alguien a quien ves cada día. Forma su imagen en tu mente. Inspira y siente tu fuerza interior. Al dejar salir el aire, salen con él el temor y la inquietud.

Ahora invita a esa persona a que venga a ese lugar seguro en el que estás. Inspira y siente la integridad que hay dentro de tu ser, permítete mirar a esa persona.

Comienza a comunicarte con esa persona, a manifestarle los pensamientos y sentimientos que hasta ahora has tenido callados. Con valor y buena disposición, cuéntale la verdad de tu experiencia.

Escucha con respeto aquello que esa persona quiere comunicarte y expresarte. Centra toda tu atención en entender sus explicaciones y sus sentimientos. Escucha sin prejuicios y con paciencia. Escucha todo lo que tenga que decir, pon atención a la verdad que se esconde detrás de sus palabras. Deja de lado toda acusación, toda crítica; deja de lado el orgullo que se aferra al resentimiento. Inspira hondo y percibe tu ser interior en toda su integridad. Mira a esa persona a los ojos. Deja marchar todo tu temor y ve más allá de su temor. Suelta la carga del resentimiento y permítete perdonar. Deja marchar las críticas y ve con una nueva claridad. Mira más allá de los errores y equivocaciones de esa persona y obsérvala en su total integridad.

Observarás nuevamente a esa persona a los ojos y dejas que los aparentes problemas que se interponían entre ustedes se vayan desvaneciendo hasta que desaparezcan. Inspira y siente tu fuerza interior. Si hay alguna otra cosa que deseas decirle, tómate unos momentos para hacerlo.

Antes de terminar —ya sea que hayas elegido a otra persona o a ti mismo— envíale luz desde tu corazón, imagina que tu pecho irradia una luz brillante dorada-rosada, que es el rayo del amor.

Dejas de apegarte al pasado y observas a esa persona como si en este momento la hayas visto por primera vez. Cada uno de ustedes sabe ahora quién es realmente el otro.

Con esa sensación de libertad, más allá de la comprensión lógica, te despides y la observas marcharse. Ahora te ofreces a ti ese perdón, dejando marchar todo sentimiento de culpabilidad, las auto-acusaciones y los rencores. Renuncias a las autocríticas, creas un sitio en tu corazón para ti, abres el corazón con la seguridad que siempre merece tu amor. Siente cómo aumentan tu libertad y tu alegría a medida que abres totalmente el corazón a tu poder de amar, de vivir plenamente. Cuando se guarda rencor se obstruyen los centros energéticos del cuerpo vital y aparecen enfermedades, depresiones y angustias.

El aura permanece oscura, densa y se forma una barrera energética de baja vibración que dificulta la entrada de energías Celestiales. Deberás armonizar tu vida y permitir que lleguen a ti las bendiciones del cielo.

Perdona a todos los que tú sientes que te han ofendido, y te perdonarás a ti mismo. Para contactar a nuestros Ángeles tenemos que liberar todos los sentimientos negativos en nuestro corazón.

Debes realizar este ejercicio alrededor de 10 a 15 minutos, una vez o dos veces por día, durante un mes.

A partir del momento que realices con sinceridad la meditación y concluyas el ciclo. Se recomienda hacer este ejercicio del Perdón, mínimo por tres semanas, porque se han visto resultados estables en todo aquello que se practica durante tres semanas seguidas.

Después de realizar este profundo trabajo espiritual, las relaciones que comiences y prosigas cada día, serán plenas de amor y puramente Angelicales.

Si realizamos este entrenamiento espiritual periódicamente comprobaremos, en un corto tiempo, un balance y equilibrio en nuestras palabras, sentimientos, pensamientos, y acciones. Todos los que nos contacten percibirán una gran ecuanimidad y coherencia en nuestros modales y expresiones.

Además, los cambios positivos en todas las áreas de nuestra vida serán muy evidentes: podremos relajarnos en situaciones no deseadas o conflictivas, lograremos controlar las actividades físicas, emocionales y mentales cuando lo deseemos, y retirarnos en silencio al aposento interior de la serenidad de nuestro corazón, sin considerar el lugar externo en que nos encontremos. Así, sin darnos cuenta, con verdadera inocencia nos encaminaremos paso a paso al destino de Ser Angelical.

Capítulo 6

Soñando con los angelitos

Soñar con Ángeles u otros
Seres Celestiales es uno de los mejores sueños
que podemos experimentar.
Auguran el fin de todos los problemas
que en esos momentos atormentan al soñador.
Esta maravillosa energía onírica
refleja nuestra entrega al Creador.

Mabel Iam

¿QUÉ SON LOS SUEÑOS?

Los sueños son la manifestación de nuestro mundo interno, total, luminoso y sombrío a la vez. En los sueños habitan nuestros más remotos deseos. Ellos conforman el mundo más perfecto y mágico que podemos construir y manifestar.

Soñar es una actividad creativa que surge de lo más profundo del ser humano. Esto explica aquellas imágenes tan bien hilvanadas que, surgiendo de los más ocultos y desconocidos niveles de la conciencia, irrumpen en nuestra mente. Estas imágenes forman los distintos cuadros que luego se pueden explicar como contenidos simbólicos. Mediante ellos el alma expresa sus deseos íntimos, sus esperanzas secretas, sus temores ocultos o sus ansias insatisfechas de afecto, seguridad o consuelo. El estudio de los sueños, ensueños y fantasías nos proporciona un camino para tomar contacto con nuestra sombra personal; y también para encontrar nuestra luz interior. Todos nosotros soñamos y fantaseamos. Si prestamos atención a esas actividades podremos aprender muchas cosas sobre nuestro interior y sobre el contenido de las formaciones oníricas. En el sueño reaccionamos con miedo, desagrado o disgusto, alegría, poder, confusión, sabiduría porque es el canal más simple para que nuestra alma se comunique con nuestra personalidad. Hay que observar al respecto, para una mejor comprensión del mecanismo onírico, que el inconsciente colectivo de la humanidad forma parte del alma humana en todas sus facetas y manifestaciones y que contiene, por lo tanto, todos los recuerdos. Estos recuerdos o escenas han ido estructurando la conciencia colectiva en el devenir de los siglos y sirven de base para la elaboración de las situaciones que vive la humanidad. Esto abarca el comportamiento individual y social, las creencias y las costumbres que son parte del inconsciente de cada individuo.

LOS SUEÑOS Y SUS MANIFESTACIONES

Generalmente, los sueños sólo se interpretan como una manifestación particular de la vida mientras dormimos, por lo que comúnmente se habla nada más de dos estados: el sueño y la vigilia. El significado espiritual de los sueños es independiente de estos dos estados. En el mundo espiritual los sueños dejan de carecer de sentido, de ser irregulares e incoherentes y se van integrando al desarrollo de la verdad intrínseca que habita en nuestro interior. Durante el sueño se pueden revelar hechos que representan una realidad superior, en toda la extensión de la palabra. Misterios y enigmas yacen ocultos en el mundo onírico. Los sueños introducen, canalizan, deslizan o expresan la energía del alma a través de sus múltiples funciones. La voz del alma del verdadero y trascendental Yo es manifestado en los sueños. Por ello, cuando estas escenas oníricas son susceptibles de ser recordadas, estudiadas, comprendidas o interpretadas, estos acontecimientos que el alma experimenta mientras soñamos se vuelven una herramienta esencial para el estudio, la investigación y el trabajo consciente espiritual. El conocimiento onírico se presenta en diferentes formas, simbolismos o arquetipos y su comprensión permite el beneficio de nuestra evolución personal, social y espiritual. (Recomiendo mi libro *El sueño del amor* donde encontrará un precioso capítulo de Diccionario de sueños).

Para el estudio más claro y la comprensión de los sueños, tomaremos los tres planos conciencia de un individuo: el inconsciente, el consciente y la Conciencia Transpersonal o Superior.

El inconsciente es el conjunto almacenado de contenidos, imágenes, elementos personales y colectivos que una persona desconoce de sí misma. El inconsciente es un concepto inmenso e incierto para la personalidad. Sin un trabajo o entrenamiento previo como se indica en este libro, o con diferentes tipos de terapia, es difícil que aquello que normalmente se comprende como ego pueda acceder al mismo. En el inconsciente se encuentra contenido todo lo que fue reprimido por los mecanismos que el ego genera ante impulsos temidos, resistencias, fantasías, etc. El inconsciente no sólo está formado por elementos adquiridos durante la existencia individual, los cuales constituirían el inconsciente personal, sino que existen elementos, planos, áreas, representaciones que exceden lo meramente personal, y los cuales forman lo que Jung denominó el inconsciente colectivo.

A través del trabajo interior con el Ser Celestial el contenido de los sueños puede volverse consciente si existe un deseo real y concreto de la persona.

El estado consciente es aquel que se manifiesta a través de procesos mentales, emocionales, o acciones con los que una persona se identifica cotidianamente en el estado de vigilia. Estar consciente es una fase dentro de la conciencia Integral de un individuo. No confundir estar consciente con el Ser Consciente: La conciencia es una cualidad de la mente;

el Ser Consciente es haber logrado trascender la mente, es ir más allá de ésta. Cuando nuestro Ser Consciente aflora en los sueños muchas veces nos ayuda a interpretarlos o simplemente a ser Testigos de los mismos. Es en esos momentos que mientras soñamos escuchamos una voz que nos guía, interpreta o simplemente nos avisa que esa experiencia que estamos viviendo acontece en estado de ensoñación. Muchas veces el Ser Consciente o Celestial nos dirige y nos advierte cómo podemos resolver, terminar o concluir esas escenas del sueño que se presentan como una película con su propio libreto. Es en ese instante cuando comprendemos que podemos dirigir o crear nuestra propia experiencia onírica.

La idea de este capítulo es poder desarrollar nuestra conciencia y aprender a conectarnos con nuestra Conciencia Superior o Celestial, también mientras dormimos.

La Conciencia Transpersonal, Celestial o Divina del ser humano es el estado que trasciende la mente y es el aspecto donde se encuentran los planos elevados de vibración de la Creación Universal. Durante los sueños, meditación o visualización podemos tener acceso a estos planos.

En la medida que entrenamos nuestra conciencia para aprender lecciones del mundo que habita en los sueños, el alma comienza a experimentar y a identificarse ininterrumpidamente con los mundos Superiores. Expongamos un ejemplo: antes de darle Conciencia a nuestros sueños, el alma es como un ciego que camina y es guiado permanentemente por los Seres de Luz, sin advertir la ayuda de los mismos. Cuando el Ser Celestial ilumina nuestro interior, y tenemos conocimiento de ello, comienza a darle luz a la visón interna del alma, por lo tanto, se podría afirmar siguiendo este ejemplo que el alma recupera la vista. Gracias a esta causa el contenido de lo que llamamos psicológicamente inconsciente se revela ante nuestros sentidos conscientes. Este es el proceso cuando el alma comienza a ver y desplegar todo el conocimiento interno que posee, el inconsciente, tanto durante la vigilia como mientras dormimos o soñamos, y es así como en cada instante de nuestra existencia, podemos emplear, expresar y manifestar toda nuestra maestría Superior.

EL RECUERDO DE LOS SUEÑOS

En nuestra sociedad, generalmente, el mundo de los sueños no es registrado, muchas personas afirman: "No recuerdo mis sueños". O bien: "Mis sueños son tan extraños; no entiendo cómo están conectados con mi vida". Incluso: "Mis sueños son tan desagradables y me provocan tanta inquietud que prefiero olvidarlos".

Sin embargo, podemos aprender a recordar nuestros sueños, interpretarlos y aplicar sus intuiciones en nuestra vida diaria.

Pero, ¿por qué deberíamos hacerlo? ¿Por qué emplear entre diez y treinta minutos por día —que es el tiempo para trabajar con los sueños y con nuestro mundo interno— como única forma de protección ante la violencia y neurosis social? ¿Cómo sabemos, si experimentamos una intuición y un cambio profundo como resultado de nuestros sueños, que esa transformación es posible? En el ítem anterior a este subtitulo se contestó, en parte, esta pregunta ¿Cuál es el valor real de trabajar con los sueños? Sólo los sueños pueden darnos las respuestas.

Cuando aprendemos a recordarlos y a prestarles atención consciente, empezamos a crear un puente que permite a nuestra energía fluir cada vez más en estado de vigilia.

Los sueños revelan nuestra dinámica real, lo que ocurre debajo de la superficie de nuestra conciencia. Nos responden las siguientes preguntas:

¿Cómo experimentamos el mundo y a los demás?

¿Cuáles son las suposiciones y los mitos que nos influyen?

¿Cuáles son los sueños que se repiten, y pasan una y otra vez?

¿Cuáles son los conflictos psíquicos reales en las luchas del mundo exterior?

¿Cómo intentamos resolver los problemas de origen desconocido?

¿Cuándo y cómo se están resolviendo?

¿Qué temores existen en la expresión de los impulsos que muestran nuestros sueños?

¿Cuáles son verdaderos deseos y cuáles son necesidades condicionadas por el exterior?

¿Cómo nos compensamos cuando no son satisfechos nuestros deseos y necesidades?

Cuando empezamos a ejercitar el sistema de comprender y registrar los sueños en forma cotidiana, a veces descubrimos que mientras soñamos estamos descifrando también el sueño y nos llega la información y la clave en el mismo instante en que lo soñamos. El mero acto de recordar, experimentar y ahondar conscientemente en los sueños nos conecta con nuestro Yo Real, y despierta niveles de creatividad y vitalidad que han sido anteriormente olvidados y que forman parte de todo el material potencial antes mencionado.

LAS PESADILLAS

Las pesadillas son los sueños que contienen imágenes terribles que nos provocan espanto y que recordamos como si las hubiésemos vivido en realidad. En parte es cierto que estamos viviendo esas pesadillas, sólo que en otra dimensión más profunda. En el interior de nuestro ser se está librando una lucha por sobrevivir a los impulsos destructivos de nuestra sombra inconsciente.

Las pesadillas más fuertes o más recordadas en general se originan en momentos de tensión o angustia emotiva.

Son los sueños nacidos de las tensiones emocionales que el alma humana ha de soportar y son un resultado de los deseos no consumados, de las esperanzas fallidas y de la multiplicidad de temores que anidan en el alma, como por ejemplo, el temor a la muerte, a la soledad o al fracaso.

Si tomamos conciencia, estas imágenes en forma de pesadillas aparecen para recordarnos que nuestro propio mundo interno está abandonado y desplazado. En el plano del inconsciente donde los temores y resistencias se alojan. Se podría afirmar que nuestro inconsciente nos revela estas imágenes en forma de pesadillas para evitar vivirlas realmente. Para ejemplificar lo antedicho, voy a relatar mi aprendizaje sobre la base de mis sueños y experiencias de vida.

UN EJÉRCITO DE CALAVERAS

Recuerdo un sueño como una visión clara de mi búsqueda espiritual y mi cuestionamiento permanente para trascender la muerte. Este sueño se produjo después de fallecer mi padre, que como conté oportunamente era un gran compañero y amigo para mí.

Había un maestro indio sentado. Yo lo observaba preguntándole distintas cosas de la vida en forma telepática. Entonces surgió en mí una pregunta: ¿por qué no me siento feliz?

De repente me encontré en un lugar árido que parecía un desierto. Estaba sentada sobre una piedra, completamente sola. Entonces apareció un ejército. Los soldados de ese ejército montaban a caballo, y eran esqueletos, como muertos o espectros. Ellos se orientaron en forma de círculo rodeándome por completo, como si por fin hubieran atrapado a alguien que estaban buscando.

No me asusté ante la presencia de este ejército de calaveras, porque sentí que el maestro me estaba contestando con imágenes mi concreta inquietud. Las calaveras eran partes mías, de mis propias zonas estériles y secas, sentí que era la respuesta.

Comencé a tocar cada esqueleto. Entonces, comencé a sentir mientras los acariciaba la seguridad y estabilidad que los huesos de los esqueletos le provocaban a mis manos, la capacidad inherente que poseen para sostener todo nuestro cuerpo. Creo que al valorar las cualidades positivas de esa imagen tan tremenda, al instante desaparecieron como si, al comprender que la función de esas imágenes aterradoras no era asustarme sino enseñarme algo, su objetivo estaba cumplido. Además el hecho de tocarlas era como darle luz y amor a esas partes secas.

En la siguiente escena de mi sueño, me encontré en un campo verde y el sol iluminaba mi rostro. Estaba tranquila, muy vivaz. De pronto me observé a mí misma detrás de una ventana que tenía rejas. El sol y el cielo ya estaban del otro lado.

En ese sueño maravilloso comprendí qué es el apego. A veces, a pesar de que uno logra liberarse, por momentos, puede volver a sentirse oprimido y dejarse vencer por lo negativo.

Estaba en el campo fértil liberada de mis miedos, de mis sombras, de miles de muertes que había experimentado en cada una de las pérdidas que sufrí. Me amigué con la muerte, la acaricié y cuidé. Pero a pesar de todo volví a estar del otro lado de la vida, detrás de una ventana. Las rejas eran esas creencias donde uno deposita cada limitación y cada sufrimiento. Pero la única cárcel está en nuestra mente.

Volví a visualizar el sueño en una meditación, al día siguiente, me coloqué en el mismo lugar, detrás de las rejas, y llamé al Ser Celestial, para que me ayudara a liberarme de las rejas y retornar al campo iluminado. En ese momento el sufrimiento y el dolor que estaban clavados en mi corazón después de la muerte de mi padre se liberaron. Comprendí lo maravilloso que fue compartir con mi gran amigo, mi padre, casi treinta y tres años a su lado, marcados por el amor más allá de toda duda, limitación o diferencia. En mi meditación le agradecí a mi padre por todo su amor, lo observé sonriente, sereno y feliz por volvernos a encontrar, y así finalicé la visualización.

En nuestro interior está la cerradura del sufrimiento, pero también la llave para abrir y liberarnos.

Si ampliamos nuestra conciencia y la expandimos, el sueño de todos puede ir más allá de las puertas y de las fronteras y darnos total libertad.

El sueño y su profundidad

¿Un problema en el amor, en el trabajo? ¿Alguna crisis o la salud en problemas? ¿Bloqueos en la comunicación que impiden que nos entiendan? Nuestra capacidad para encarar las emociones en nuestros sueños nos permitirá responder con sensibilidad a los sentimientos de otras personas, conectando nuestra empatía con ellas. Pero también tenemos que alimentar la capacidad para autoabastecernos, y para no establecer relaciones de excesiva dependencia. Si somos capaces de crear un refugio amoroso en nuestro interior, apreciaremos profundamente a aquellas personas que estén dispuestas a compartir la vida en forma plena.

Las relaciones serán de considerable importancia, porque alcanzaremos una vida equilibrada que incluya los placeres del trabajo, la gente, la soledad y las actividades del tiempo libre.

Además, conscientes de nuestros propios valores en lo que respecta a las relaciones, escogeremos con cuidado las amistades y las relaciones de pareja. Esto nos permitirá ir en pos de lo que queremos y, al mismo tiempo, sentiremos la satisfacción de las relaciones personales íntimas, teniendo en cuenta el bienestar de nuestro prójimo.

LOS SUEÑOS CONTINÚAN COMO ESCENAS DE UNA PELÍCULA

Si seguimos el orden de nuestro interior podemos comprender que los sueños siguen un orden que está directamente relacionado con nuestra realidad interna. Al revelar la oscuridad del inconsciente tal vez logremos convertir nuestra vida en un maravilloso y feliz sueño.

Como capítulos de un libro o episodios de una película, si estamos atentos y conscientes observando y preguntándonos sobre nuestros sueños, podemos ver cómo se van resolviendo nuestros mecanismos negativos, cuáles son los temores, conflictos y luchas reales que los sueños nos fueron traduciendo para comprender y llegar a la evolución de nuestra vida.

Podemos ver en este trabajo interno cómo los sueños también van siguiendo una correlación tan genuina como impactante a los ojos de nuestra conciencia. Seguiré desarrollando en este capítulo y a lo largo del libro, este tema, utilizando una serie de ejemplos de sueños que me han sido revelados en mi trabajo interior.

LOS SUEÑOS CURATIVOS

En el sueño, los pensamientos y los deseos se hacen objetivos. Mientras soñamos, las escenas gatilladas por nuestro mundo interior se muestran como hechos reales, a veces mucho más reales que los vividos en el nivel físico durante el período de vigilia. Es importante tener en cuenta qué nos quiere expresar nuestro interior y tratar de programar nuestra mente para recordar nuestros sueños. En todo caso este proceso mágico es altamente científico y reside en aquel arte innato del ser humano de agrupar las memorias acumuladas en lo más profundo de los estratos de conciencia y en las raíces del propio inconsciente colectivo.

Los sueños surgen del alma, que en su búsqueda intensamente espiritual, hace que la conciencia reproduzca de acuerdo con la propia evolución interna, escenas, hechos y situaciones psíquicas que revelan sus preocupaciones habituales con respecto a los problemas éticos o morales relacionados con su vida espiritual.

También podemos experimentar sueños claros, que son entresacados del rico arsenal del inconsciente propio y del colectivo, pero elegidos o seleccionados de sus estratos más sutiles. Estos rememoran escenas relacionadas con las mejores cualidades desarrolladas por los Seres humanos en el transcurso de las edades, conteniendo símbolos ocultos de gran poder mágico o espiritual que legaron al inconsciente colectivo. Esto sucede con los sueños de los hombres y mujeres inteligentes y virtuosas que vivieron en la Tierra en épocas precedentes.

Si la visualización del sueño se produce de forma clara y traslúcida, éste es de suma importancia para la evolución del soñador, porque pueden revelar o contener claves para su curación, para la expansión de su conciencia, para la prosperidad, las relaciones y sobre el mundo espiritual, etc.

A continuación, a modo de ejemplo, describiré mis propios sueños y cómo me ayudaron a crecer espiritualmente.

EL REINO DE LOS CIELOS

El alma necesita expresarse en los momentos de desesperación, o en aquellas situaciones donde estamos más abiertos para comprender mejor nuestro mundo espiritual.

El siguiente sueño es un ejemplo de contacto con la conciencia Transpersonal donde el alma expresa su sabiduría eterna. Mi madre estaba gravemente enferma, a punto ya de volver al eterno hogar. No quería dejarla sola y recuerdo que me quedé dormida a su lado. Tuve un sueño tan maravilloso que creo que su propia alma, que anhelaba elevarse, susurró este mensaje para mi propia bendición.

Soñé que estaba en un gran campo.

La hierba del campo era como una tela de terciopelo, de un brillante color azul. Sobre el campo se encontraba un enorme y cristalino castillo. Sus paredes no eran de piedra sino de una hermosa energía transparente de color azul.

En el castillo de cristal de luz habitaban reyes y reinas que caminaban tomados del brazo, formando parejas, hablaban en tono amoroso. Cada pareja caminaba saludando muy gentilmente a las otras parejas de reyes, con la misma actitud tomados del brazo, se desplazaban alegremente.

Los trajes o las vestimentas de los reyes y reinas no eran de un material concreto, no eran de una tela determinada porque estaban confeccionados en con la misma energía de luz azul que el campo y el castillo.

Percibía la imagen onírica con claridad, en ese lugar reinaba la paz, seguridad, amor. Se percibía un orden Celestial, cada persona gobernaba su propio mundo y sabia que todo iba transcurrir eternamente en esa misma perfecta y armoniosa forma. Era como un paraíso, sentía que había retornado al verdadero y eterno hogar.

Cuando desperté comencé a recrear cada imagen en mi mente. Me dije a mí misma que si todo era azul en un gran reino donde había reyes y reinas que eran de luz, la respuesta era obvia.

Con una alegría profunda me pregunté: ¿estuve en el Reino de los Cielos? ¿Habita dentro de mí ese maravilloso lugar? ¿Por qué no? Estaba triste porque el año anterior a esa fecha mi padre había partido para siempre. Mi madre estaba gravemente enferma, y a pesar de ello, mi Ser Celestial estaba regalándome una enseñanza maravillosa que nunca olvidaré.

Después de esa bella e inolvidable experiencia onírica sostengo que es en los sueños donde el alma se manifiesta espontáneamente para exteriorizar nuestro interior y revelar ese mundo perfecto y mágico.

Tallar el diamante del sueño

Existen sueños que son más importantes que otros o que tienen más peso para comprender algún mecanismo del alma. Porque en una sencilla escena onírica puede yacer oculto un símbolo revelador, un gran mensaje o una importante enseñanza.

La pregunta que se nos plantea es la siguiente: ¿cómo sabemos qué sueños son importantes o potencialmente valiosos? La respuesta es: tenemos que estar alerta y trabajar con todos nuestros sueños, recordarlos para luego comprenderlos.

Un sueño especialmente impresionante o significativo posee casi siempre alguna señal sensorial que nos atrapa, atrae, o que percibimos muy vívido. Con seguridad nuestra intuición nos alertará.

En algunos casos las imágenes visuales serán la señal. Por ejemplo, encontrarnos en un bosque, con una flor muy especial, con un animal salvaje; ver colores ocres, púrpuras o aquellos que pueden impactarnos. Esto tiene un significado también. Puede ser un sueño de un acontecimiento concreto que estimule un sentido oculto de algo que en nuestra circunstancia real no percibimos claramente. Podemos soñar que nos traen un regalo atractivo, como un antiguo objeto o juguete de la infancia, perdido hace tiempo. Éste puede revelar un mensaje secreto y simbólico. También puede ser un sueño premonitorio de algún suceso que nuestra alma tiene registrado y ahora se nos revela, porque en los niveles espirituales el tiempo no existe, así que podemos conocer "el futuro".

El trabajo de los sueños puede ayudarnos a conseguir metas personales. Podemos considerar algunos de los métodos que podemos utilizar para mejorar nuestros recuerdos y para registrarlos de una manera eficaz y útil. En este capítulo brindo las claves para trabajar profundamente con nuestros sueños.

Sistema para evocar los sueños

El despertarse conmociona la mente. Especialmente cuando uno se despierta con un zumbido electrónico de nuestro reloj, o por el gentil gesto de nuestro ser querido que nos haya despertado dulcemente para sacarnos de los brazos del mundo interno. Nunca nos despertamos instantáneamente después de soñar. El paso a un estado de total alerta puede ser lento, por ello no debe sorprendernos que los sueños sean tan difíciles de recordar.

Es muy probable que cuando recordamos un sueño sea sólo un fragmento del final de éste. De modo que, si realmente queremos saber qué ocurre en ese sueño, debemos intentar recomponer el mismo a partir de ese pequeño retazo. Con frecuencia, una sola clave puede evocar la esencia de un sueño: sus fundamentos emocionales, las probables referencias a la vida de vigilia y el posible escenario onírico. Afortunadamente no siempre es difícil recordar lo que soñamos. De hecho, a veces es fácil, especialmente si el sueño tiene una gran acción o movimiento o nos produjo cierto impacto interno, si nos despertamos inmediatamente después, o si no estamos obligados a poner en marcha nuestra rutina habitual por la mañana apenas nos despertamos. Tenemos más posibilidad de recomponer toda la escena del mismo. Recordar los sueños es una capacidad que puede aprenderse. He aquí algunos pasos para comenzar:

- Es importante tener un anotador o el cuaderno de registros cuando nos despertamos.

- Si no tenemos tiempo en ese momento, anotamos las palabras claves del sueño para luego ampliarlas. Ante las imágenes que surgen nos vamos preguntando y escribiendo.

- ¿Qué sucedió antes y después de tal situación?

- ¿Por qué necesito experintar este sueño en este momento?

- ¿Qué desea expresarme o comunicarme?

- ¿Qué viene a revelarme?

- ¿En qué área de mi vida necesito ayuda de mi guía interna?

Luego, con más tiempo, nos dedicamos a ampliar las respuestas.

Este es un método muy sencillo para recordar y expandir la conciencia de nuestros sueños.

PREPARACIÓN ONÍRICA

Con frecuencia, los Ángeles eligen los sueños para manifestarse, quizás porque en las producciones oníricas participan de la etérea materia Angelical. Los Ángeles son reales y nos dan mensajes y favorecen el autoconocimiento; pertenecen a otro plano de la existencia más allá de lo que llamamos plano real.

Para que los Ángeles aparezcan en los sueños, hay un método específico que consiste en el desarrollo de sueños angélicos. En efecto, como los sueños son una "creación propia" —más precisamente de nuestro inconsciente, o de nuestra alma— nosotros tenemos el poder de "modelar", de "incidir" en esa obra que nos pertenece y sobre la cual habitualmente no tenemos injerencia directa.

Todos, absolutamente todos los Seres humanos, tenemos la capacidad potencial de crear sueños, pero muy pocos las ponemos en práctica. En la niñez, sin embargo, lo hacemos de manera espontánea sin tener conocimiento siquiera de que estamos empleando un método.

Es posible incubar sueños sobre cualquier tipo de problema, siempre y cuando no se trate de un problema demasiado trivial, porque si lo es, muy probablemente olvidaremos el contenido del sueño cuando despertemos o el Ángel no considerará necesaria su presencia en nuestras fantasías nocturnas.

El desarrollo de un sueño angélico en particular, requiere que se cumplan los siguientes pasos, que se explicarán a continuación.

1. EJERCICIO PARA DESPEJAR LA MENTE

En este primer paso es importante seguir las explicaciones del capítulo 2 donde se describen las técnicas para invocar a los Ángeles. En el caso que no encuentres la forma de relajarte o comenzar a invocar a tu Ángel, antes de quedarte dormido y deseas crear un estado para generar un sueño —ya sea, porque sientes toda la carga de un conflicto que quieres resolver, o por cualquier otra razón— lo primero que debes hacer es relajarte profundamente. Luego visualiza este ejercicio que puede darte un resultado rápido y excelente para cualquier dificultad en concentrarte.

Te dices a ti mismo y creas la siguiente imagen:

Mi cuerpo está escrito como un libro. En mi piel puedo vislumbrar los textos de diferentes tipografías y texturas cubriendo toda su extensión, sin dejar un centímetro libre. Esa escritura caótica ejerce sobre mí una suerte de aturdimiento, como si cada uno de esos textos tuviera su propia voz y se expresaran todos juntos al unísono, en voz alta. Entonces, tomo un paño de luz blanca y limpio cada letra, desplazándolo suavemente por mi piel. El contacto de la luz que irradia el paño es reconfortante y los textos desaparecen, las voces se callan, las palabras se van borrando y mi piel está ahora clara y pura. Mi mente se despeja, también, y queda vacía de pensamientos. Ya no queda vestigio alguno de la escritura. No siento calor ni frío, no siento dolor ni excitación. En mi mente no hay ningún pensamiento. Conservo una dulce paz y siento la agradable sensación de estar desnudo, liviano, sin equipaje, pleno de tranquilidad.

2. ELEGIR LA NOCHE PROPICIA

La noche indicada para incubar un sueño es aquella en que no estamos demasiado cansados y no hemos ingerido alcohol o algún tipo de medicamentos como los sedantes, capaces de deprimir las operaciones de nuestra vida psíquica. Trata de tener en cuenta que los tranquilizantes y píldoras para dormir tienen una incidencia negativa sobre nuestra mente.

3. RESCATAR LOS SUEÑOS

Los sueños se olvidan muy pronto si no se lleva a cabo un verdadero trabajo de "rescate". El momento más propicio para llevar a cabo este trabajo es el período que media entre el sueño y el despertar. Como el inconsciente aún no ha tenido tiempo de ejercer su censura, es posible recordar con nitidez. Es importante antes de dormirse pedirle a nuestro amigo Celestial que nos haga recordar claramente el sueño y que su significado sea comprendido instantáneamente al despertarnos.

Haz un esfuerzo por repasar, el sueño en el momento casi previo a levantarse y empezar las actividades, para recordar aquello que soñaste durante la noche. Las primeras imágenes que vislumbrarás serán las del último período del sueño y, a partir de ellas, deberás recuperar todas las demás. Cuando no recuerdes nada más, vuelve a relajarte y trata de sumergirte en las imágenes que recuerdas del sueño. Quizás aparecerá algún nuevo episodio. Este período, en el que te encontrarás relajado y receptivo, dura unos 15 minutos. Si no estás seguro de recordar lo soñado luego de haberte levantado, regístralo de inmediato en un grabador o cuaderno especial.

Descubrirás que los sueños se interrelacionan, como si fueran una historia en capítulos. Esto sucede porque los sueños son escenas paralelas que el mundo interno está experimentando mientras vivimos las situaciones cotidianas, conscientes en el mundo que nosotros llamamos real, pero el alma sigue asociando más allá de que seamos conscientes o no de ello.

4. Confeccionar un diario de sueños Angélicos

Consigna en el diario angélico todos los detalles del sueño que te parecieron significativos y el mensaje y la actitud del Ángel. Recuerda que cuando se reúne una lista amplia de mensajes, éstos adquieren nuevas significaciones. No anotes "interpretaciones" personales sobre los mensajes o sobre el sueño angélico en general; recuerda que los mensajes angélicos "hablan" por sí mismos si los confrontamos entre sí o si, simplemente, los dejamos "reposar" un tiempo para volver a interrogarlos más adelante.

5. Madurar el desarrollo del sueño

A fin de que el Ángel se aparezca en sueños para contestar tus preguntas o resolver tus problemas, es necesario que las preguntas a contestar o los problemas a resolver sean lo suficientemente importantes.

Esto no significa que deben ser considerados importantes por los demás, sino que deben ser íntimamente trascendentes para ti.

Por otro lado, deberás estar dispuesto a recibir tu mensaje no sólo con el intelecto, sino también con el corazón y estar preparado para llevar las soluciones que te proponga el Ángel.

Si invocas al Ángel para obtener de él soluciones mágicas, tienes también que estar dispuesto a cambiar ciertos aspectos de tu personalidad. La respuesta del Ángel, en tu sueño, no sólo tendrá por objeto satisfacer formalmente tu pregunta, sino que, además, te mostrará el camino por el cual debes transitar para solucionar el conflicto.

CUANDO LOS SUEÑOS SE HACEN REALIDAD

Como mencioné en el capítulo 1, durante el proceso de escritura de cada libro viví experiencias maravillosas.

En el año 1997 tuve un sueño muy interesante y misterioso mientras escribía mi libro sobre el vampirismo (Editorial Planeta). Es un sueño que se podría afirmar que forma parte de otras realidades y de otras dimensiones.

Soñé que pertenecía a un grupo de Seres que buscaban el conocimiento. El sueño no tenía un tiempo definido, pero parecía transcurrir en la vieja Jerusalén o por momentos dentro de un mercado en Siria: ambos lugares que he conocido en la realidad, a través de diferentes viajes que he realizado.

La búsqueda de mi sueño consistía en encontrar al Ser Supremo dentro de mi interior. El objetivo era llegar a que ese Ser Divino o Maestro ocupara la totalidad de mi cuerpo y alma.

En el sueño este grupo de Seres me pedían que me arrojara al fuego purificador. Este fuego era de color violeta, el color de la transformación.

Luego de traspasar el fuego, mi persona continuaba con vida, pero yo sentía que mi cuerpo estaba hueco.

Mi Ser Superior o Maestro interno se convertía en una medalla. Sí, luego de quedar purificado por las llamas se materializaba en una especie de medalla con la imagen de un sumo maestro o sacerdote, pero no era una imagen bidimensional, sino que tenía mis ojos. Estaba vivo y me observaba. Yo sentía que mi maestro o Ser Supremo dirigía mi vida.

También podía ver la medalla de los otros integrantes del grupo, pero todas eran diferentes. Algunas tenían la imagen de un Ángel y otras, símbolos de formas que no recuerdo exactamente.

Mi interpretación es que en realidad la imagen de la medalla representaba la síntesis esencial de toda nuestra sabiduría consciente y eterna como almas que somos.

Mientras avanzaba el sueño, el Maestro de la medalla que yo tenía me decía: "Ahora ya conoces cuáles son tus sentimientos, pensamientos y acciones negativas. Debes entregarte otra vez al fuego purificador, para liberarte por segunda vez". Después de traspasar otra vez las llamas violetas, obtuve otra medalla. Esta era blanca, parecida al nácar.

De una manera casi mágica por esos días encontré una información que explicaba las leyes de los distintos rayos que forman la energía espiritual del sistema solar.

El rayo perla opalescente —igual a mi medalla nacarada— tenía la siguiente explicación: "Es la alquimia de todos los colores y tiene la posibilidad, por esa integración, de trascender la tercera dimensión con su irradiación". Hasta ese momento desconocía la información sobre esa energía.

Volviendo al sueño:

Luego de obtener mi segunda medalla nos comenzaban a perseguir unos hombres y nos robaban las escrituras de nuestro conocimiento. Los secretos y el saber estaban escritos o grabados en cordones o tiras de tela. En ellos estaba relatado todo el sistema que se utilizaba para la purificación y la obtención del conocimiento del ser.

Por este hecho mientras el sueño continuaba el grupo de Seres y yo salimos a rescatar esas escrituras. Entonces, mientras todo el grupo caminaba por ese mercado, yo encontré una parte de las escrituras como escondidas dentro de un canasto de pan en un puesto de venta, en una especie de mercado. Luego de encontrarlas decidimos no usar las medallas a la vista de todas las personas para evitar problemas. Porque lo que llamaba la atención era que las imágenes internas tenían vida. En el caso de la mía, los ojos del Maestro se movían y él hablaba.

Entonces envolvimos las medallas en una tela que colgaba de nuestro cuello. La tela tenía cuatro compartimientos, como bolsillos, para guardar cada medalla. Hasta donde recuerdo, no tenía nada más que tres y uno de los compartimientos estaba vacío. Presumo que los cuatro compartimientos estaban relacionados con la purificación de los cuerpos físico, emocional, mental y espiritual.

Lo que más me sorprende del sueño es la coherencia de los hechos con mi búsqueda interior, ya que el mismo finalizaba cuando le decía a mis compañeros de grupo:

Mi Maestro me comunicó que si nos quitan las escrituras, no tenemos que preocuparnos en cuidarlas y perder el tiempo del propósito en eso. Los Seres purificados pueden revelar todo el conocimiento hasta en el análisis del cabello, como las tiras de nuestras escrituras.

Cuando al día siguiente desperté, estaba maravillada con lo que había soñado. Lo primero que pensé fue que el robo estaba asociado al miedo que tiene el alma de olvidar el conocimiento de su núcleo interno y dejarse llevar por el mundo externo, representado por el mercado.

En el caso de la imagen de la medalla, creo que se identifica con uno de los maestros ascendidos de la hermandad blanca: Maestro del primer rayo (el rayo azul de la voluntad y poder divino), un maestro con el cual siempre sentí una identificación. Se llama Morya.

Ahora, en las nuevas informaciones, está llegando con el nombre de Amhaj. La medalla de mi sueño tenía un maestro con el mismo rostro de Amhaj, pero con mis ojos.

Luego, releyendo mis originales antes de entregarlos a la editorial, me di cuenta que antes del sueño inicié mi libro *El Vampirismo* con una frase del maestro Morya o Amhaj. Y ya había encontrado otra frase de *El libro de Amhaj* para poner en el epílogo. Entonces tomé el libro de Trigueirinho, abrí en una página al azar y allí encontré escrito este subtítulo: Uno de mis últimos Sueños. Esta es la frase a la cual dirigí mi atención apenas abrí este libro:

"Sagrada es la senda que en estos tiempos
se descubre ante los hombres.
Las llaves de la inmortalidad: más no os turbéis con el llanto,
ni con los gritos de horror. Los incendios del enemigo no tocarán a
quienes penetraron el secreto del fuego.
Hay tiempo, más os digo, el tiempo es ahora.
Regenerad la carne que en vuestro espíritu habita.
Tejed nuevas vestiduras sagradas con hebras de luz".

Mi interpretación de este sueño es clave y llave de mi necesidad total de integrar mi alma con mi espíritu. Es comenzar a asumir el rol espiritual con compromiso hacia el servicio de mis hermanos de este planeta, tan golpeado por el enemigo del Ser humano que es él mismo, cuando se aparta de la senda de luz que en realidad somos todos los Seres que habitamos el Universo.

Las vestiduras con hebras de luz blanca brillante, como los cordones del conocimiento de mi sueño, son las que debo vestir cada vez que siento la devoción profunda que desde niña tuve hacia la vida eterna.

La diosa de la luz

En este mismo capítulo comenté sobre la coherencia y la continuidad de los sueños. Esta correlación es atemporal como las experiencias que vive nuestra alma.

Carl Jung afirma en su libro *Símbolos de transformación* que el contenido del alma de cada persona es aquello que se manifiesta en el sueño. Y es el alma quien conoce perfectamente nuestra verdadera naturaleza y va revelando partes de nuestra vida, en la medida, que estamos preparados para recordar y comprender nuestros sueños.

Desde julio del 2002 vivo en Miami. Mi adaptación a los Estados Unidos fue relativamente rápida, pero extrañaba mucho a mis amigos, familiares y especialmente a mis sobrinos. Greg —mi esposo— es norteamericano y decidimos vivir en su país, y yo tuve que aceptar dejar el éxito que tuve siempre en el mío, la Argentina.

Como relataba en el sueño del maestro que mostraba el océano, ahora vivo frente al mar. Y, sin dudas siguiendo mi instrucción espiritual elegí las aguas del amor y renuncié a todo lo conocido de mi ego y de mi pasado.

Una noche de julio del 2002 antes de mi cumpleaños estaba triste y llena de nostalgia, extrañaba a mis sobrinos y a mi familia. Entonces decidí invocar al Ángel de los sueños antes de dormir.

Tuve una experiencia bellísima:

Soñé que estaba en un lugar muy blanco con una energía brillante. En ese sitio había gente sentada mirando hacia un altar. En el altar había una diosa que no tenía un cuerpo concreto, era de luz: emanaba la energía del sol.

Yo estaba fascinada con la diosa que iba cambiando de formas durante el sueño y parecía, por momentos, una especie de virgen. Las personas que se encontraban en ese sitio eran muy amigables y me decían:

Mabel, sumérgete en la luz, penetra dentro de la luz.

Y me mostraban el cuerpo de la diosa.

Entonces, me fundí en la diosa, y luego salí de su cuerpo como si portara estrellas. Mi cuerpo estaba brillante y lleno de luz estelar.

Y allí terminó el sueño. Me desperté al otro día con una sensación extraña: ese sueño había sido una experiencia real, sentía esa luz como una gran bendición. Le comenté a una persona que vivía al lado de mi casa porque estaba conmocionada con el sueño. Ella se llama Julia, y es a quien estoy eternamente agradecida.

Como comento a lo largo de todo este libro, todas las personas que he conocido en mi vida siempre me han ayudado a crecer.

Julia me dijo:

Ahora que hablo contigo de este sueño recuerdo que hay un lugar que te va encantar y donde hacen ikebanas (arreglos florales de origen japonés) y dan luz. Hoy mismo vamos a ir.

Yo hacía Ikebanas de niña, recogía flores y ramas de mi casa y con pequeños troncos los creaba y me encantaba, le expliqué.

Nos dirigimos a ese lugar. Cuando entré me llamó la atención la armonía y la paz del ambiente. Las personas que se encontraban en ese sitio estaban sentadas, como en mi sueño de la diosa, mirando a un altar y con la mano levantada canalizando luz.

El lugar era pequeño y muy simple, pero parecía el paraíso terrenal. Yo estaba muy emocionada.

Hacemos Johrei*, me explica una anciana muy tierna que se llamaba María. Comenzó a describirme lo que significaba el altar y todos sus elementos. Yo estaba conmocionada no sabía si seguía soñando o no.

En el altar, en el centro, hay un ideograma en japonés que quiere decir Luz Brillante. A la derecha del altar está ubicada la foto del maestro Meishu Sama, que quiere decir Señor de la luz, pero su verdadero nombre es de origen Japonés es Mokichi Okada. Y el ikebana que está a la izquierda del altar, simboliza la madre tierra, la naturaleza.

En ese momento le comenté que había soñado con un lugar parecido la noche anterior, pero que en el medio del altar, había una diosa de luz. María continuó enseñándome.

El Johrei, es el método de canalización de la infinita energía vital del Universo para el perfeccionamiento espiritual y físico del ser humano. La canalización del Johrei es una revelación que viene del maestro Mokichi Okada y tiene la intención de restaurar la condición original de verdadera salud, prosperidad, paz y nobleza de sentimientos.

---

* Ver glosario: explicación completa y desarrollada de la Técnica del Johrei, su fundador Mokichi Okada y de la historia de la Diosa Kannon.

Las invisibles pero poderosas ondas de luz que se irradian durante el Johrei eliminan las impurezas impregnadas en el ser humano, revitalizando su fuerza natural de recuperación, también llamada fuerza curativa natural.

Cuando nuestro maestro comienza con el Johrei era devoto de la Diosa Kannon y tenía a esta diosa en el centro del altar. Luego para no trasladar a la diosa a donde él se dirigía —la diosa que poseía en su templo era de tamaño natural y eso dificultaba el movimiento— decidió escribir el ideograma japonés "luz brillante" que ahora utilizamos todos.

¿Quién es el diosa Kannon?, le pregunté.

La anciana prosiguió con su enseñanza muy feliz de poder trasmitir lo que sabía. Ella era brasilera y un idioma que amo es el portugués, así que yo estaba más feliz todavía.

De acuerdo a las leyendas budistas, la estatua de la Diosa fue encontrada en las orillas del Río Sumida por dos pescadores, los hermanos Hinokuma. Luego el jefe de la aldea, Hajino Nakatomo, reconoció la santidad de la Diosa, y la guardó con mucho cuidado y amor, poniéndola frente a toda la aldea para ser adorada. Con el tiempo comenzaron a llegar visitantes de pueblos cercanos y así de boca en boca se fue haciendo conocida.

Actualmente el templo de Asakusa, en Tokyo —llamado también como el templo de Sensõnji— está dedicado a Kannon, que es la Diosa Budista más popular y es visitada por millones de personas al año. En Japón la Diosa Kannon está considerada como la Virgen María para los occidentales. De acuerdo a las enseñanzas budistas, Kannon es el símbolo de compasión y libertad humana para todos los sufrimientos.

Estaba totalmente sorprendida, casi lloraba de la emoción: ese lugar era idéntico al sueño que yo había tenido. Yo había soñado con esa diosa que era como una virgen, entonces me dije a mi misma: debo quedarme aquí y ayudar a dar luz.

A esta altura de mi vida yo ya había aprendido numerosas técnicas para dar luz, y las había practicado todas desde muy niña, pero el Johrei me pareció un concepto profundo y a la vez muy simple.

Entonces le pregunté a María:

¿Cómo puedo hacer lo mismo que tú para ayudar a las personas?

Ella replicó:

Primero, como todas las personas que asisten a este centro, tienes que recibir mucha luz, y experimentar el Johrei hasta sentir sus beneficiosos resultados. Luego de realizar los cursos de Fundamentos y Filosofía del Johrei puedes recibir el Sagrado Punto Focal-El Ohikari, así podrás transmitir Johrei a cualquier persona, en cualquier momento, y en cualquier lugar.

¿Qué es El Ohikari?, le pregunté.

Es una medalla que tiene un ideograma que dice Luz, en japonés y fue escrita, por nuestro maestro, para que la luz Divina se canalice, a través de nosotros y podamos iluminar a otras personas.

Contestó la dulce y encantadora anciana.

En ese momento no me desmayé del colapso, pero faltó muy poco y recordé mi sueño de siete años atrás, de la medalla de luz, como un rayo de Luz apareció en mi mente ese recuerdo. Mi alma había encontrado un nuevo camino espiritual y ya todo me cerraba.

El espacio del cuarto nivel del sobre, que contenía las cuatro medallas de mi sueño se había llenado para la realidad de mi alma consciente. Cuando estudie la técnica del Johrei, recibí la medalla. Y lo hice para ayudar a las personas, para darles luz en forma gratuita, del mismo modo que lo hacen en el servicio de luz que toda la gente del Centro Johrei realiza cada día, en todas las partes del planeta. Además, también tomé el curso como Training Master (maestro de entrenamiento para personas en el idioma inglés como en español) para enseñarle las instrucciones del Maestro Meishu Sama, a todas las personas que desean recibir el Ohikari (la medalla de la luz brillante) y de esa forma pueden ayudar a otras en forma desinteresada e incondicional, canalizando la Luz Divina, sin cobrar nada por ello como lo hacen los Seres Angélicos.

La luz y la ayuda de los Ángeles estaban como siempre presentes confirmándose en mi vida y el amor Angelical de los Seres Celestiales nunca falla.

Los sueños del conocimiento del alma y su luz se han hecho realidad y son parte de mi servicio Celestial de todos los días.

En síntesis, existen sueños que son revelaciones profundas, casi gritos de nuestra parte Divina de nuestra naturaleza. Otros son bendiciones y risas alegres que nos acarician el alma. Todo lo que habita en nuestro interior es perfecto y está constituido por la totalidad que nutre la existencia, también aquellos que son sombríos, porque nos ayudan a crecer y evolucionar. A través de los sueños podemos alcanzar el propósito en el cual se apoya la única Ley universal: Ser Uno con la totalidad del Amor.

Capítulo 7

DARTE A LUZ, SER LUZ

Tú eres el suelo en donde todas las cosas descansan.
Tú eres la Tierra de donde todos los elementos nacen.
Tú estás aquí y ahora, eres sólido,
luminoso y traslúcido.
Tú eres el punto en donde todas las formas y sus
dimensiones comienzan y permanecen eternamente.
Tú eres el Universo, el sentido,
la causa y el efecto de todo lo que existe.

Mabel Iam

Nacer otra vez

Al nombrar las palabras *dar-se a luz* estoy afirmando que podemos realizar un nuevo nacimiento con conciencia, un renacimiento espiritual.

Cuando trascendemos la mente y los sentidos físicos, a través del trabajo espiritual con los Seres Celestiales que habitan en nosotros, comenzamos a comprender que el tiempo es eterno y Divino. Podemos Darnos a Luz, recrearnos y resurgir siempre.

Al reflexionar sobre nuestra verdadera esencia podemos comprender que todos los seres humanos físicamente nacemos de *dos* Seres que nos *dieron* a *luz*. Espiritualmente, el verdadero canal y el único origen es *divino*. Nosotros somos parte de la Creación Universal, al igual que nuestros progenitores o ancestros. Podemos nacer y renacer todo el tiempo de nosotros mismos. Porque somos el origen de la Creación, que no tiene fin ni principio.

Los verdaderos principios del tiempo y el espacio

El Ser Celestial que vive en nosotros existe en perfecta Unidad. La separación del tiempo y el espacio tal como lo concebimos con nuestros sentidos físicos es una ilusión. Ha llegado el momento que descubras y expreses tu verdadera identidad y reconozcas tu verdadero Ser para Darte a Luz.

Si consideramos el hecho de que nacemos en un cuerpo que funciona en tres dimensiones, podemos comprender y aceptar la experiencia que es descrita en este capítulo. Porque la apertura de nuestra conciencia trasciende las tres dimensiones. Con un nuevo nacimiento en el plano espiritual trascendemos los planos mentales, emocionales y físicos que estamos habituados a manejar.

En los niveles espirituales el espacio es un campo creado para conducir la energía; en estos planos más elevados de conciencia creamos nuestro propio espacio de igual forma que lo diseñamos en el plano físico, antes de construir una casa, un templo o un avión, etc. La diferencia que la creación de ese espacio trasciende la materia por lo tanto es una nueva realidad, una realidad creada en un cuarto nivel de energía. A medida que nos conectamos con esos espacios internos podemos modificar los planos que vemos y conocemos (externos) los cuales están, también, condicionados por nosotros mismos, pero no somos concientes de estos condicionamientos.

El tiempo se manifiesta en los planos y dimensiones de la Creación Universal, no en la forma arbitraria de división de unidades, tales como las horas, los minutos y los segundos con la que nosotros nos manejamos en el plano terrestre. Éstas medidas son apenas el resultado del tamaño de la vara de medición humana. Los niveles espirituales de tu Ser Celestial no tienen esta limitación. Por medio del conocimiento directo de la energía de los acontecimientos a través de este nuevo concepto sobre el tiempo, puedes hacer una conexión con cualquier punto del tiempo que desees. Porque en ese plano no existe pasado o futuro, todo se vive y experimenta en un eterno ahora.

Los límites temporales y también los espaciales están estructurados por la energía mental del hombre, por lo tanto, se pueden modificar como una nueva y verdadera construcción espiritual, aquella que tu Ser Angelical te guíe en el momento de tu nuevo nacimiento.

El ser humano ha creado, a través de la historia de la sociedad, todos los condicionamientos más confusos, enredados, todas las ataduras más complejas, preceptos tremendos, y todo esto fue simplemente, para no disfrutar de su entera libertad de Creación. Pero además lo realizó para utilizar un poder ilusorio y temerario controlando a los demás, en esa insatisfacción permanente que el ser humano vive cuado no se conecta con su verdadera naturaleza. En esta trampa oscura caímos de alguna manera todos, como se explica en el capítulo 3.

Si hay algo que debes saber, por seguro, y realmente lo afirmo sobre mi propia experiencia, es que cuando expandes el plano de conciencia a la dimensión creadora, tomas el verdadero sendero, el camino sin retorno. Aquella persona que comienza a Darse a Luz ya no puede volver para atrás, despierta para siempre. Ya no puede volver a las tinieblas de su inconsciente, a las sombras de sus emociones oscuras. Ahora es el tiempo de avanzar, evolucionar y no hay otro camino que el Darse a Luz, porque venimos de la luz, el fuego eterno de la vida.

INVITACIÓN Y CELEBRACIÓN DE LUZ

Voy a invitarte a hacer la experiencia de Darte a Luz, de nacer de ti mismo, de reconocer tu alma y espíritu como dadores divinos de tu vida. Parece algo difícil volver a nacer, pero sin embargo, se cree que nuestra alma lo ha realizado en diferentes vidas, o sea, ya hemos vuelto a nacer. Quizás, como la memoria de nuestro cuerpo físico sólo reconocen un padre y una madre, no podemos comprender esta verdad en su totalidad. También se sabe que se elige a este instrumento o cuerpo físico. El alma elige la familia, elige también el lugar donde nace. Comúnmente se supone que una persona se experimenta como alma cuando se muere, pero no es así. El alma está viva en nuestro interior, sólo debemos comunicarnos con nuestra esencia pura Celestial y trabajar con la meditación con los Ángeles para *dar-nos* cuenta de su existencia. En este momento tenemos la posibilidad de cambiar, perfeccionarnos, mejorar el cuerpo físico, nuestras relaciones con los demás, con nosotros mismos y volver a elegir nuestro destino. Ahora podemos darnos una nueva oportunidad de ese crecimiento y esta transformación.

EL RENACIMIENTO

Ustedes ya están preparados para este viaje y ya han decidido experimentar el camino evolutivo, aquel que los lleve al sendero de ser los creadores del destino de sus propias vidas.

Para comenzar a atravesar por la experiencia de volver a nacer necesitamos un solo elemento muy importante y es confiar en nosotros mismos. Cuando efectúen el renacimiento, ustedes podrán registrar y reconocer la voluntad, el amor y la luz del Creador. Comenzarán a experimentar la belleza interior. Se convertirán en un creador consciente. Permitan que esta seguridad interior Divina guíe el viaje. Para el ejercicio de renacer nos prepararemos de la siguiente manera:

LUGAR

Este paso es fundamental, busca un ambiente agradable y en el que puedas estar muy tranquilo. Tómate todo el tiempo que necesites para sentirte lo más a gusto posible en tu lugar de relajación o meditación. Busca un lugar alejado de toda interrupción cotidiana. Un lugar silencioso donde nadie pueda cortar la conexión interior. Tenemos que suspender todo posible contacto con el mundo exterior. Otra condición importante es realizar este ejercicio en un lugar a oscuras o con una leve iluminación. También es mejor bajar las ventanas si el espacio es muy luminoso. Podemos prender una vela o un incienso que nos agrade, pero no utilizaremos ninguna imagen u objeto que estimule nuestros sentidos externos cerca de nuestro espacio corporal.

TIEMPO

El tiempo para el renacimiento en la luz se puede calcular alrededor de 35 a 45 minutos, en total, con la preparación y realización del ejercicio.

POSTURA

Este trabajo interior es mejor realizarlo acostados en el piso, en una colchoneta o colchón preferentemente. Lo mejor es no realizar este ejercicio sobre una cama. La conexión con el suelo, aunque, el cuerpo se encuentre sobre una manta, almohada o cojín es recomendable en esta relajación.

Además, es aconsejable estar acostados boca arriba, para regular el aire de forma natural y conciente.

MÚSICA O SILENCIO

Al principio del trabajo para una mayor conexión interior se puede elegir escuchar una música suave que tenga sonidos preferentemente de agua fluyendo, como las olas del mar. El agua se asocia, en general, con el útero y es algo positivo para disponer la mente a este tipo de ejercicio. También se puede optar por una música de un coro de Ángeles para serenar nuestra mente y elevar nuestro estado de vibración interior de la vida cotidiana.

Luego de lograr ese estado de serenidad a través de la música recomiendo desconectar todo sonido externo y conectarse con un silencio total. Si el lector está familiarizado con la meditación puede directamente trabajar desde el principio en silencio. Pero no todas las personas pueden hacerlo, por eso es que recomiendo una música muy serena para comenzar el ejercicio.

LIBERAR EL CUERPO

Encontrar la postura cómoda mencionada anteriormente para permitir relajar tanto la mente como el cuerpo con la técnica de relajación y la mente con la respiración.

El primer paso es: Guiar la conciencia, es decir, toda la atención a los pies. Intenta sentirlos pesados y relajados. Imagina una luz intensa blanca, centelleante y pulsante, que brota de lo profundo dentro de ti, y que emana de tu superficie corporal interna y externamente, extendiéndose y rodeándote en forma de blancura luminosa y llena de vitalidad. Ahora siente que esa energía ilumina tus pies que ya están relajados. Piensa en tus pies radiantes de luz blanca. Seguiremos en el proceso de la relajación subiendo por los tobillos, tibia y peroné, hasta las rodillas. Te enfocarás en esas partes del cuerpo. Imagina y percibe cada parte de las piernas cada vez más pesadas, relajadas e iluminadas con luz blanca radiante.

Si ya estás relajado desde las rodillas hasta los pies, continúa relajando y visualizando los muslos, genitales, glúteos y cintura. Después de conseguir relajar hasta la cintura, sigue subiendo, llevando la conciencia de luz hacia arriba por el abdomen, la zona lumbar, la espalda y el pecho. Entonces comienzas a sentir cómo esa nueva parte de tu cuerpo se une a la anterior que ya estaba iluminada. Cada vez todo tu cuerpo se relaja más y más, y lo visualizarás cada vez más refulgente y límpido. Los músculos, los huesos, la sangre y los órganos todo se ha trasformado en luz blanca brillante. A continuación extiende tu relajación a tus hombros, brazos, manos y dedos. Entonces, siguiendo el procedimiento que venimos haciendo, siente como esa parte de tu cuerpo se une a las partes anteriores. Ahora concéntrate desde tus hombros y sigue subiendo, llevando tu atención a través del cuello, músculos de la cara (labios, mejillas, párpados, frente, etc.), cuero cabelludo y el cabello. En cuanto logres la relajación, la visualización y la luminosidad de estas partes de tu cuerpo, siente como se funden con el resto. Todo tu cuerpo se libera e integra en un solo foco de luz brillante, y además te encuentras totalmente relajado.

Respiración

La respiración es parte muy importante de este ejercicio porque es una unión permanente con la conciencia, más allá de los límites de tu propia forma física. El aire mismo tiene conciencia. Cada vez que respiras, introduces conciencia en tu cuerpo.

Ahora tu cuerpo está libre de todo peso, la luz blanca con la que puedes visualizarlo irradia toda la habitación donde te encuentras. El siguiente paso es liberar y desbloquear todos los pensamientos y emociones para expandir tu conciencia Celestial en toda su Divinidad.

Mediante tu respiración relajas cada vez más tu cuerpo, dejando marchar libre cada uno de los pensamientos o emociones perdidas que aparecen en ese momento por la mente y que inhiben el proceso de renacimiento. Deja que el aire te libere cada vez que respires de todo bloqueo interno o físico. En la medida que lo logres te sentirás cada vez más centrado en tu verdadero Ser.

Comenzaremos con el ejercicio: presta atención y coloca toda tu atención interior en tu respiración. Observa el estado de tensión o relajación de tu cuerpo. Cuando aspires, imagina que estás inhalando luz. Cuando exhales, exhala cualquier tensión, cualquier dolor que haya en tu cuerpo.

Comenzarás con inhalaciones y exhalaciones de aire cada vez más profundos, procurando tener la boca debidamente cerrada. Durante diez veces se repite esta parte del ejercicio. En las inhalaciones hay que llenar muy bien los pulmones de aire y se contiene unos segundos, luego exhalamos totalmente. Cuando terminamos el ciclo de diez, volvemos a repetir las inhalaciones, pero esta vez respirando de modo natural. Terminada esta parte del ejercicio, respiramos lo necesario para concentrar la atención en los latidos del corazón. Pasaremos a la concentración en el corazón.

El centro del corazón y la mente de luz

La apertura y la conciencia en el corazón es de suma importancia para poder activar nuestro cuerpo de Luz dentro del renacimiento de Darnos a Luz, porque es la manera más directa de expandir y percibir el amor incondicional de toda la Creación.

El corazón no representa solamente la parte orgánica de esta concentración, sino que el objetivo del ejercicio en el corazón es para percibir a éste como un centro de equilibrio entre el flujo y reflujo de la actividad de la vida, en todas sus formas, material y espiritual. Porque el corazón habita el núcleo vibrante, inmortal e infinito.

A continuación, nos conduciremos a la concentración y apertura del corazón, tratando de escuchar sus latidos, con cada latido que escuches se liberarán los pensamientos y emociones logrando mayor calma interna. Con inhalaciones y exhalaciones profundas, procurando tener la boca cerrada, llenarás los pulmones de aire y lo contienes unos segundos, hasta exhalar y vaciar el cuerpo de aire. Repite este ejercicio de exhalación e inhalación por unos tres minutos, hasta lograr sentir el cuerpo tan relajado que los latidos del corazón se escuchen más hondos y apacibles. La mente se tiene que centrar también en los latidos, y así puede aquietarse por completo.

Imagina tu corazón totalmente pleno de luz blanca resplandeciente que se expande e integra con el Universo en su conjunto.

Concentra ahora la mente en el vacío sin fin del cosmos, trata de ir disolviendo tu mente en el mismo. Gradualmente experimentarás una transformación interior y luego, sentirás una profunda quietud, una brisa de paz. La mente se habrá silenciado y vaciado.

EL SER UNO

Toda la energía de tu cuerpo, mente y corazón ya está completamente iluminada. Ahora es el momento de integrar tu cuerpo con la Tierra, para ello proseguirás con el ejercicio de esta forma:

Comenzarás a fundirte en el gran cuerpo de nuestro planeta, la Tierra. Para ello, desciende por tu cuerpo con tus piernas y pies iluminados y relajados. Penetra y hunde tus raíces en la Tierra que nos sustenta y alimenta cada día. Atraviesa con tu cuerpo físico que está relajado hasta lo más hondo de las rocas penetrando el suelo del planeta. Te plasmarás con las grandes profundidades donde toda vida tiene su origen y la energía que mueve la existencia misma del cuerpo Celestial llamado Tierra, nuestra gran madre dadora.

Percibe la energía en fusión cómo corre por tus piernas, atraviesa tus rodillas y pasa por tus pies al suelo, atraviesa y penetra en la Tierra, hallando nutrición, sustento y estabilidad. Siente esa línea de energía como un cable o un ancla que te apacigua, brinda firmeza y estabilidad.

Estás aquí y ahora fundiéndote con lo más hondo de tus raíces, encuentras tu presencia, tu yo primordial. Esa conexión ahí es tan sencilla y directa. Evocas tu herencia, tu yo ancestral como hijo de la Tierra. Ella te susurra, escucha, aprende de la Tierra el silencio, la sabiduría, la generosidad, el poder y la firmeza. Comprende sus ciclos.

La Tierra es tu Maestra. ¿Cómo se sostiene ese mundo? ¿Qué la sostiene? Piensa en el almohadón o colchón donde estás recostado, el algodón en el campo que alguna vez fue, la tela en el telar, los trabajadores que lo transportaron, que lo vendieron. Los que se sentaron antes que tú. Tu cuerpo es el viaje, y por ahí comenzarás. Es tu conexión con el mundo físico, tu fundamento. Tú eres el lugar de donde procederá toda acción y todo entendimiento y adonde regresarás. Estás tocando el suelo de la verdad. Ya exploramos la Tierra y te has fundido con lo concreto en todo su esplendor, en toda su fuerza, ya estás preparado, puedes Darte a Luz.

UN NUEVO DIÁLOGO ANTES DE PARTIR

Aquí y ahora ya estás preparado para escuchar tu voz interior que comienza a guiarte con estas palabras:

Te dispones a emprender un viaje.
Será un viaje por los tejidos de tu verdadero Yo.
Un viaje a través de tu vida.
Nace aquí de tu propio cuerpo.

Empréndelo ahora, donde quiera que estés. Es tu propio encuentro con tu luz interior. Ponte cómodo, tú ya habías elegido partir. Lo has hecho mucho antes de encontrar este libro. Se te ha dado un vehículo para impulsar este viaje, tu alma. Así que para preparar el camino, comenzaremos por explorar y sentir el cuerpo. Observa cómo inhalas . . . exhalas . . . Tu cuerpo ya está relajado e iluminado lo suficiente para continuar un reciclamiento más profundo del mismo y alcanzar a comprender su verdadera función para siempre.

Oye dentro de ti los latidos de tu corazón pleno de luz y amor divino. El portal de tu corazón ya ha sido abierto; el amor incondicional brota por tu cuerpo. Inicia el diálogo con tu cuerpo. Aprende su lenguaje. Pregúntale cómo se encuentra, si se siente fatigado o tenso. ¿Qué te parece el viaje ahora que se inicia? ¿Estás de acuerdo con él? Siente tu cuerpo mientras recorres con tu mente las rutinas cotidianas y continúa relajando más y más. Descubre e indaga cuántas interacciones tiene todos los días con el mundo exterior. Por qué está tenso, por qué se cansa, qué energías recibe, qué esconde, y qué sabiduría revela cuando se enferma. Advierte el intercambio de la energía física a través de las manos, que empujan puertas, que conducen al volante, que estrechan otras manos, que acarician niños, amantes, amigos, que tocan alimentos, hojean libros y diarios. Piensa en cuánto ha crecido y aprendido tu cuerpo en todos estos años a adaptarse a todos los cambios que tu mente le ha impuesto. ¿Qué significa esto para tu cuerpo? ¿Alguna vez se te ha ocurrido darle las gracias a tu cuerpo por lo bien que te ha servido?

REMONTARSE AL PRINCIPIO

Todo lo que experimentamos tanto en el pasado como en el presente o en el futuro es el resultado directo de una proyección de nuestra mente para crear una realidad; y ésta a su vez es la proyección fiel de los diseños internos. Estas proyecciones e interacciones quedan registradas en nuestra memoria celular, emocional y mental. Ahora estamos realizando y elaborando un cambio del diseño y la transformación del creador del mismo, para producir una nueva existencia. Por supuesto, tus sentimientos y opiniones interactúan con los otros en el mundo externo, de la misma manera que todos los demás comparten estos patrones contigo. Pero en este momento, es substancial que te concentres en aquello que tú piensas y sientes porque ello desempeña un papel muy grande en este nuevo nacimiento. Esto influirá en todos aquellos que se relacionarán contigo. Por ello, es valioso trascender la memoria en esta parte del trabajo interno, porque ésta se relaciona a la forma de los objetos conocidos. El recuerdo siempre se refiere a algo experimentado con anterioridad. Si la memoria fuera primordialmente un proceso de conocimiento puro, sería como una idea y no tendría referencia a algo experimentado previamente. Renuncia para este trabajo interno a tu apego, a lo conocido y penetra en lo desconocido, así entrarás en el campo de todas las posibilidades, más allá de los recuerdos. La sabiduría de lo incierto jugará un rol trascendental en el deseo de entrar en lo inexplorado. Seguramente en este proceso que estás gestando aparecerán recuerdos, tanto aquellos cotidianos sin importancia como otros. Ante los mismos siempre mantiene una actitud de total agradecimiento a la vida y a la gente que te rodea, pero es importante en esta etapa desprenderte de la memoria.

REGRESAR A LA SENDA

Ya tienes una visión clara de la función de la memoria y has agradecido por sus servicios a todos tus recuerdos, que te ataban a los antiguos diseños mentales. Mentalmente le has dado las gracias a tu cuerpo relajado e iluminado por haber sido tu sostén permanente. Ahora es el momento del gran ascenso. Emprenderás el viaje hacia el centro del Universo, dejando atrás a los hombres y mujeres que conoces, a las circunstancias que te rodean hoy y en el pasado, abandonando poco a poco la vida cotidiana.

Considera que estamos generando y conformando una nueva vida, este es un acto creador, amoroso, tierno y único.

A medida que profundizas en la visualización comienzas a vislumbrar que en esta travesía interna se quedan atrás la imagen de tus padres, de tus hijos, de tu pareja; todos los conceptos humanos conocidos se diluyen y disuelven. Obsérvate que penetras con tu conciencia en el útero cósmico, que es un núcleo de luz, un foco inmenso como un gran Sol del vasto e infinito Universo. Este Centro te nutre y alimenta, y tú eres parte de esa luz.

Contempla y experimenta como tu Ser Angelical continua guiando siempre tu alma para facilitar que puedas disolverte en este gran Centro. Y nacer nuevamente de la matriz universal como un embrión de luz, bello, claro y transparente.

Cuanto más profundices la visión de esta imagen, advertirás cómo todo tu Ser se transforma y cambia. Estás generando con conciencia absoluta una nueva vida, la estás formando, moldeando, materializando en tu interior.

Ahora, la voz del Ángel guía te dice y afirma con certeza:

A este nuevo Ser nada lo oprime.
Siente el núcleo inmortal que palpita en tu corazón de luz:
ya eres la totalidad de la vida y sus milagros.

Continúas avanzando en la meditación y contemplarás, cómo el embrión que tú eres, se modela con luz, amor, compasión, misericordia, alegría infinita. Cada fibra que diseñas es una cualidad maravillosa que tu alma compone como una melodía Angelical. Una sinfonía perfecta de sonidos y colores será este renacimiento. Mientras tú que eres el bebé de luz crece, toda la creación trabaja para ti. Todos los Ángeles, todos los planetas, estrellas, galaxias están a tu servicio.

Continuas creciendo como un bebe dentro del centro de luz. El Universo en este proceso de gestación y crecimiento de su nuevo hijo o hija te entrega diferentes dones:

- Provisión infinita y prosperidad
- Belleza radiante
- Sabiduría
- Paciencia
- Capacidad para comprender y sanar tus emociones
- Profundidad mental y capacidad de síntesis
- Una comprensión profunda de las funciones de tu cuerpo
- Armonía en toda situación
- Que todas las puertas se abran a tu paso
- Bendiciones Celestiales
- Capacidad para expresar y asimilar la recepción angélica
- Facultad para comprender el infinito y lo finito
- Poder para estar alerta en toda situación
- Y todo aquello que necesites o desees materializar en este nuevo ser humano que te has convertido
- Creatividad ilimitada

A medida que sigues modelando tu imagen, sentirás que el núcleo de ese bebé luminoso crece y se aloja para siempre en tu corazón. Sentirás que esa criatura de luz que eres tú trae consigo un mensaje, un propósito, un eterno movimiento, una misión que puedes realizar y rehacer como creador de ti mismo. Ese Ser es una llama divina que nunca se apaga y habita en el origen de la totalidad de la vida.

Percibe en tu corazón la presencia eterna, única e infinita del Ser Celestial. A partir de ahora podrás volar con alas luminosas al refugio único y sagrado, como lo has hecho desde la eternidad, ese espacio interno y Universal que te protege. Aquí y ahora, ya eres el Ser real.

SUGERENCIAS Y SEGUIMIENTO

Recomiendo repetir este ejercicio completo, varias veces o en todas las ocasiones que lo necesites. Es muy útil que grabes con tu propia voz en un cassette, graba la visualización en su totalidad que se describe en este capítulo. Mientras lo realizas trata de crear un clima en la grabación de diálogo con tu Yo íntimo y que sea con tus propias palabras. Debes realizarlo siguiendo los pasos y tratando de profundizar cada vez más en tu trabajo interno, y con la convicción completa y pura que todo lo describes. Impregna en tu interior cada palabra o imagen con la verdadera energía o espíritu que ella contiene. Ahora ya conoces el camino para Darte a luz.

Capítulo 8

Los nuevos niños de luz
y los viejos ángeles

La tierra se abría ante su llamado.
Las aguas se apartaban ante su súplica.
Los astros detenían su tránsito ante su ruego.
Todo era posible en el tiempo
en que el hombre creía que era hijo de Dios.
En esta nueva era el Ser Humano
retornará a su origen divino.
Se reconocerá así mismo
como co-creador del Universo.

Mabel Iam

LA NUEVA HUMANIDAD

Este es un tiempo especial en la historia del planeta Tierra, porque muchos niños están naciendo con algunas facultades naturales para la percepción de la totalidad del Universo. Están abiertos y operando como despertadores y maestros para toda la humanidad.

Hasta cierto punto esto siempre ha sido así. Pero los medios de comunicación, el desarrollo de la ciencia y la difusión más abierta de los distintos caminos para el desarrollo espiritual permiten, en este momento, que podamos comprender y ayudar a estos nuevos Seres de Luz recién llegados de la creación.

La cuarta dimensión está conectada con lo que todavía no se manifiesta en este tercer plano, o tercera dimensión, que todos percibimos o creemos percibir.

Las almas que ya han ganado estos niveles de percepción comienzan a comunicarlos aquí en una corriente cada vez más alta de comprensión para ayudar a toda la humanidad a adquirir mayores conocimientos de las leyes superiores de la creación.

Estas leyes fueron, de alguna manera, manifestadas en algunas de las escrituras de los grandes maestros de todos los tiempos.

Y ahora, ya en un nuevo siglo y milenio, deben ser vividas como realidades constantes de luz, amor y sabiduría para llegar realmente a una igualdad de conciencia y fraternidad universal.

LOS MAESTROS DEL AMOR

Los niveles de vibraciones más altos de energía son usados con facilidad por los nuevos niños de la Luz, porque ellos llegaron al planeta en este tiempo de crisis.

Ellos vienen a enseñarnos una nueva visión de la vida, a ayudarnos en este proceso y a elevarnos hacia niveles más altos de conciencia universal. No solamente porque tienen finísimas habilidades perceptivas sino también por su actitud abiertamente amorosa con la que ayudarán muchísimo a la humanidad.

Ellos tienen la gran capacidad de percibir los niveles más altos de energía, donde se hallan el amor incondicional, la confianza, el foco de luz en la unidad y la paz, donde vibran los Seres Celestiales y Angelicales. Los nuevos niños serán un manantial profundo del cual todos podrán beneficiarse.

Las habilidades que ellos traen consigo al plano terrenal son, entre otras, la clarividencia, las cualidades psíquicas y telepáticas. Estas serán las condiciones necesarias para funcionar completamente en la cuarta dimensión, sobre cuyos pasos ya estamos caminando, en etapa de la evolución del planeta. Estas avanzadas capacidades que estos niños poseen serán los principales medios de comunicación del futuro.

La era de Acuario ya ha comenzado, pero se irá instalando con sus ideales de fraternidad y amor en la medida que comencemos a valorar y conocer la potencia y posibilidad de nuestra mente cuando funciona en armonía con los sentimientos más profundos y sin egoísmos o falsos ideales.

Gracias a estos niños conoceremos la verdadera corriente de unidad Universal. Su apertura hacia el Universo les dará la posibilidad de conectarse con otras dimensiones.

¿Cómo educar a un niño de luz?

El niño de luz debe recibir una educación basada en la vida espiritual desde su nacimiento. Los padres tienen que mantener una actitud contemplativa y brindarles la confianza y el amor necesarios para desarrollar sus cuerpos y sus espíritus sobre la base de la armonía divina. Los progenitores o tutores deben tratar de no condicionar al niño con creencias negativas, que bloqueen su desarrollo espiritual.

Los mensajes que los adultos deben brindarles a los niños deben ser más agradables que dolorosos, y deben estar basados en el amor y no en el temor. la confianza es la energía que teje el tapiz de la conexión mutua y el respeto entre niños y adultos.

Se recomienda a los padres hablarle al niño desde que se encuentra en el útero de la madre. Además, si los padres realizan los ejercicios con los Seres Celestiales que se presentan en los distintos capítulos de este texto, podrán trasmitirles Luz y sabiduría a sus hijos en forma clara, sencilla y directa, logrando facilitar la educación de los mismos.

Los conocimientos que trasmito en este capítulo son enseñazas milenarias, que se han comunicado y se han canalizado por todos los maestros espirituales desde el principio de los tiempos.

Los niños de Luz necesitan ordenar el conocimiento con el que ya han nacido, por ello, hay que utilizar las palabras más simples y más concretas.

Aquí damos algunos ejemplos de los conceptos a utilizar:

Hijo mío:

Es fundamental que aprendas algo positivo para tu vida, acerca de todas las personas que se acerquen a ti, más allá de la simpatía o no que puedas sentir por ellas.

Encuentra siempre la forma de distinguir el don que tiene cada hombre o mujer, sin juzgar por su apariencia, su nivel social o educación.

Todos los Seres Humanos como las estrellas del cielo irradian su propia luz. Descubre y exalta la luminosidad de cada individuo con el que te encuentres.

Si logras seguir estos consejos aprenderás y podrás contemplar el faro que habita en el corazón de cada Ser. También podrás navegar por el océano de amor incondicional de cada Ser Humano y llegar al puerto donde habitan los Seres Angélicos.

Al pequeño es importante enseñarle el sentido de la unidad del Universo desde su nacimiento con diferentes imágenes y analogías, siguiendo algunas ideas de las frases que citaré más adelante.

Una técnica que ha sido estudiada a nivel científico y da muchos resultados en todos los casos, consiste en hablarle al niño con amor, lenta y delicadamente, durante la primera hora del sueño, mientras el niño está dormido porque, en ese momento, es que tiene la mayor recepción y puede captar las enseñanzas de los padres. Este sistema de educación ha sido probado en diferentes tipos de personalidades o conductas de niños de distintas culturas, condiciones, o extractos sociales y ha tenido excelentes beneficios con cambios rápidos y muy evidentes.

Las palabras que se citarán en la siguiente página pueden servir de base o de ejemplo para que el niño pueda acceder a las enseñanzas de los Maestros Espirituales y de los Seres Celestiales. Las mismas se pueden utilizar según la edad del niño como oraciones, imágenes o como enseñanzas. También, se pueden repetir mientras el niño está dormido, como ya se mencionó.

Estas enseñanzas están redactadas en forma de códigos, como los Maestros Espirituales las utilizan para comunicarse.

Hijo mío:

Traes el don de la unidad e integridad contigo en tu alma el don de la vida única, la luz que ilumina a todos los seres. En la gran matriz o red universal, de la unidad de la Creación Divina, quizás tú seas un hilo dorado, pero hay hilos que son plateadas y otras hebras que son blancas, verdes o grises.

Y tú has venido a tomar una aguja y unir todas las hebras, no para ser superior o inferior, ni para dejar de escuchar a tu corazón, sino para ganarte el corazón y el oído. Para que otros vean tus trabajos y te escuchen es importante que aprendas algo acerca de todos.

Tú ya vienes con un don y tienes un propósito: es el de restaurar la belleza en la Tierra y centrarse en la divina feminidad, y la divina masculinidad que brota de ti como una fuente; con belleza y flujo de armonía, pues tú eres todo equilibrio y amor. Donde no hay armonía, tú no entiendes, donde no hay amor, tú no quieres estar, y donde tu corazón no entiende, tu mente quiere irse. Por eso tienes sueños tan intensos. Por eso la fuerza del amor es tan intensa en ti. Tu tronco tiene que crecer y fortalecerse, sacando hojas y ramas como flores de luz, ya que estás plantado en la superficie de la Tierra, y para que entiendas algo de la Tierra, es por esta razón que asistes a la escuela.

¿Para qué? Para que puedas hablar con muchas personas, para que puedas distribuir tus dones con mucha gente, para que puedas amar a todos, para que puedas compartir tus dones con ellos y aprender de sus dones.

Si deseas manifestar tus dones creadores, visualiza e imagina a través de la intención del amor y la atención en tu Ser Interior.

¿CÓMO RECONOCER LA VOZ INTERIOR?
Podrás escucharla claramente y te darás cuenta que te guía y protege cuando más la necesitas.

También, puede ayudarte a reconocer tu voz Interior contemplar con los ojos celestiales en tu interior y enfoca tu pensamiento en el Creador de la vida.

¿Cómo ver la creación de la vida?

Imagina cada cosa como se gesta y origina desde lo más sencillo como por ejemplo: el pan. Observa en tu mente: las semillas del trigo creciendo sobre la tierra. Luego, las espigas, las personas cosechando, la harina molida, el horno encendido y el pan en la mesa. Si entrenas tu pensamiento con imágenes vivas o en movimiento crearás magia, milagros y el lazo indestructible de la red universal que nos une a los Maestros Celestiales sentirás que será cada vez más fuerte. Siguiendo esta preparación Celestial llegarás a ver con los ojos internos a los Maestros. Ellos te revelarán la verdad porque son los que conocen tus dones. Ellos serán los que te guiarán con conciencia y luz por el sendero de la eternidad.

Otro tema que los padres o educadores de estos niños tan especiales consultan, en general, es sobre cómo abordar al pequeño cuando él o ella comienza con las preguntas de un tema recurrente, como por ejemplo: ¿quien ha creado el Universo?, o ¿Existe o no un Ser Superior o Divino?

Aquí pueden encontrar algunas enseñanzas que pueden tomar en cuenta.

Hijo mío recuerda esto para siempre:

El Creador del Universo no castiga, no ofende, no juzga, no lastima, no critica, no se venga. Porque toda la Creación está diseñada con amor.

Tú eres diferente y único, pero también eres parte de Creación divina como todos nosotros.

El Creador universal creó la totalidad: cada flor, cada pájaro, cada planeta, cada universo, cada perro, cada pequeño ser humano y cada Ángel.

El Creador del Universo hilvanó hilos de unidad a través de todo para que todo se realice y se mueva integrado. Aquí en la Tierra no es tan fácil ver las hebras. Parecen invisibles, pero no lo son. Todos los hilos están unidos.

Cuando consigas ver con tus ojos celestiales que ya posees, contemplarás la unidad de la vida, y disfrutarás de su perfección.

El ángel, el amigo invisible

Muchos pequeños ven a seres invisibles, lo que se podría considerar como compañeros de juego imaginarios.

En esta nueva era se sabe que los niños pueden conectarse con el Ángel solar que les corresponde a su nivel de vibración o con Maestros ascendidos que funcionan en otros niveles de conocimiento superiores de conciencia y que no son productos de la imaginación de los niños.

Es de suma importancia prestar atención y aprender de esta nueva generación de niños que están viniendo a la Tierra, y que traen en su memoria genética revelaciones muy útiles para el futuro de la humanidad. Recomiendo a las madres y padres de los niños de luz tomar nota de aquello que sus hijos comentan, acerca de sus amigos invisibles, o de algún contacto angélico que hayan tenido. Lo ideal es no llamar demasiado la atención de los niños; se debe hacer con mucho cuidado, y tomar más precauciones, sobre todo en el caso de pequeños menores de 7 años de edad. Nada de lo que el niño comente se debe tomar o demostrarle al pequeño que es algo extrasensorial, o un fenómeno especial, sino como algo natural y totalmente normal.

Los nuevos niños de luz pueden traer en su memoria interna, información para grandes problemas de la humanidad que enfrentaremos en el futuro. Como por ejemplo el cuidado y la preservación del medio ambiente, del cual depende la calidad de vida que nos espera. También, los niños pueden manifestar diferentes tipos de soluciones originales y únicas para resolver conflictos en los vínculos o en las relaciones que pueden presentarse en un futuro en la sociedad o en grupos familiares.

Contacto de luz

A cada niño de Luz que contacto le repito estas palabras que son la enseñanza canalizada por mis mejores amigos, los Ángeles. Lo más preciado que podemos dejarle a estas nuevas generaciones es el conocimiento sobre el valor de la existencia espiritual.

Todos somos Seres de Luz que estamos en esta gran escuela universal aprendiendo, qué es la vida, para mejorar nuestro presente.

Todos tenemos que aprender cada día diferentes lecciones, si aceptamos esta realidad podemos ser felices y cuando somos felices todo lo que vemos, tocamos, pensamos y hacemos lo realizamos con seguridad, éxito y amor.

Con ustedes, mis amados lectores, quiero compartir estas enseñanzas que me brindaron los Seres celestiales para el futuro y el presente de la humanidad.

El nuevo hombre no conocerá sombras. Su vida será como el sol al mediodía. Resurgirá para irradiar a cada ser que se acerque con solo mirarlo. Sus ojos serán los soles de la nueva humanidad. Su energía será la misma que la de los viejos Ángeles que ahora son los nuevos niños y serán los nuevos hombres y mujeres. Estos últimos velarán y cuidarán por la belleza y armonía de la vida en su totalidad. Ese día se acerca. Todos los Seres angelicales caminarán por la Tierra.

SÍNTESIS

Toda la energía de la Creación, sea cual fuere su fuente cósmica es esencialmente angélica. Gracias a ella reconocerán inteligentemente las razas del futuro, cuyas vidas serán identificadas espiritualmente por el contacto consciente de estas fuentes de energía divina. De cada nuevo hombre se emanará el secreto mágico de toda la creación.

Capítulo 9

Las antiguas enseñanzas
para la iluminación

Hace magia con los pensamientos.
Se comunica con los Seres Angelicales.
Es la maravilla más grande
y misteriosa de la creación.
Lo nombran de mil formas,
pero su nombre es *ser humano*.

Mabel Iam

El gran maestro y los esenios

Deseo referirme en este capítulo al maravilloso trabajo que los Seres de Luz fueron realizando en silencio en todos los planos de la conciencia cósmica, y a las técnicas que fueron creando y dejando para nosotros sus hijos.

En este capítulo expongo el agradecimiento a los Maestros de luz y deseo compartir este conocimiento esencial como gesto de amor a mis semejantes. Cuando profundizamos en nuestro ser interior comenzamos a escuchar la llamada de miles de maestros que ayudaron a trasformar la sociedad, aquellos seres magníficos que tuvieron la misión de lograr desde cambios, elevación y evolución en la conciencia de la humanidad para lograr un paraíso de la Tierra.

Entre todos los maestros un ejemplo divino es Cristo, quien tuvo como misión la salvación y la iluminación de la humanidad, a través del amor incondicional y la compasión divina.

Investigando la vida de Cristo como maestro espiritual y Ser iluminado descubrí la participación y la influencia de una hermandad que tenía una filosofía muy significativa para mi vida: los esenios.

A partir de ese momento estudié todo lo que se refería a este grupo de seres y en este capítulo realizaré una breve síntesis de todo mi conocimiento adquirido. Además, he practicado algunas de las experiencias milenarias de estos maestros, adaptando las mismas a nuestros días.

Tuve el placer de hacer retiros, varios cursos y seminarios con diferentes terapeutas, maestros y sanadores espirituales en Argentina, Brasil, Perú, el Medio Oriente y México, que seguían la orden de los esenios. Estos fueron algunos de los lugares donde fui integrando esas enseñanzas de las sanaciones espirituales. Durante mis distintos viajes tuve la oportunidad de visitar algunos de los lugares donde se cree que los esenios tuvieron sus asentamientos. Todo el clima de mis viajes fue muy especial, muy emocionante y permanentemente sorprendente, porque parte de mis ancestros, mis abuelos paternos en especial, habían vivido en esa zona de Palestina y Siria.

En el mar Muerto tuve una experiencia de recapitulación de toda mi vida como aquel que está al borde de la muerte. El renacimiento luego de esa experiencia iluminadora fue maravilloso. Comprendí que cada una de esas recapitulaciones tiene la función que la memoria se libere de viejos recuerdos del ego o de la personalidad, para que el alma pueda evocar las verdaderas profundidades de nuestro Universo interior. Porque como explico en el primer capítulo, el ego o personalidad tiene una tendencia a hacer un mito de los recuerdos. Luego de bañarme en esas aguas de lodo del mar Muerto, atravesé hasta las profundidades de las raíces más agudas de mi ser, y llegué al espacio donde pude escuchar a los Ángeles y seres magistrales que habitan en el mundo espiritual. Las sombras se disolvían a medida que recibía estas enseñanzas milenarias. No es necesario que ustedes pasen por un viaje concreto como yo había elegido. El viaje de explorar nuestro mundo interior es un pasaje y tránsito de conocimiento interior, sólo hay que atreverse a internarse en nuestras aguas cristalinas interiores.

Es interesante para el lector poner en práctica algunas de las técnicas de los esenios. También unos de mis trabajos concretos dentro de estos retiros espirituales, como el de Brasil, por ejemplo, consistieron en plantar y cosechar mi propio alimento, y extraerlo directamente de la tierra, sin elaboración alguna para comerlo. Esperemos que la Tierra siga dándonos sus frutos y que el hombre retorne a la naturaleza.

PRESENCIA Y GUÍA

La presencia de los esenios en la existencia de Cristo, el gran Maestro de la humanidad, fue muy importante, ya que gracias a ellos preparó parte de su método de vida en su paso por el desierto.

Los esenios eran miembros de un grupo religioso de origen hebreo organizado en torno a bases comunitarias profundas y a prácticas de un estricto ascetismo. La hermandad, que llegó a contar con unos cuatro mil miembros, vivió en Siria y en Palestina desde el siglo II a.C. hasta el siglo II d.C. Sus principales asentamientos se encontraban a orillas del mar Muerto.

Se han identificado distintos grupos como posibles prototipos de lo que era la comunidad de los esenios. La cofradía de los esenios ha permanecido oculta al conocimiento común de la gente por lo hermético de su enseñanza, por la elevada misión que les correspondió cumplir y, seguramente, por no ser mencionados en la Biblia.

Ellos prepararon el terreno para que la semilla de Jesús cayera en tierra fértil. Los miembros de esta comunidad, cuyas enseñanzas fundamentales eran el amor a Dios, el amor a la virtud y el amor al prójimo y sus rasgos distintivos más importantes eran la comunidad de bienes y propiedades (distribuidas de acuerdo con las necesidades de cada uno), la estricta observancia del shabat y un aseo escrupuloso (dentro del que se incluía el lavarse con agua fría y usar prendas de vestir blancas), tenían prohibido jurar, emitir votos (salvo los exigidos para ser miembros de la orden), sacrificar animales, fabricar armas y participar en el comercio o hacer negocios.

El estudio del mundo de los esenios reapareció con gran fuerza en 1947, año en que fueron descubiertos unos antiguos manuscritos hebreos cerca del mar Muerto, en Qumran, lugar que pudo haber sido, en el siglo I d.C., zona de asentamiento de alguna comunidad esenia. Entre los manuscritos, había un manual de observancias religiosas y vida común, que puede relacionarse con el modelo de vida de los esenios, según lo que se ha podido averiguar en las fuentes griegas y latinas que hacen referencia a ellos.

Fue necesario el "accidental" hallazgo hecho en el interior de una gruta, en el año 1947, por un joven beduino, Mohamed el lobo, quien encontró las jarras de greda con rollos de lino recubierto de alquitrán o cera con escritos en pergamino y láminas de cobre de más de 2.000 años de antigüedad, para que los esenios fueran nombrados en el mundo moderno.

Las enseñanzas y los objetivos de los esenios estuvieron totalmente dedicados a la búsqueda de la esencia del ser y que habitaban a orillas del mar Muerto. Cristo irradió una alta vibración de luz a toda la humanidad, más allá de los tiempos y de los dogmatismos que establecieron los que después lo siguieron.

La cualidad divina emerge cuando los hombres encuentran lo que hay de divino en sí mismos y se entregan a ello. La energía esenia puede manifestarse cuando se descubre la potencialidad interior de los Seres. Así fue en el pasado, así es en el presente y así será en el futuro.

Siempre hubo una asociación de la energía esenia con la energía Crística. La relación entre estas energías sublimes tiene un origen más profundo: ellas provienen de la misma esencia cósmica.

PENSAMIENTOS Y SENTIMIENTOS

La vida esenia es un estado de sagrada simplicidad, de absoluta integración con el todo, en el cual nada parece tener importancia a no ser esa unión interior. En este estado, los Seres experimentan una total disponibilidad para crear una situación propicia al flujo de la energía.

Los esenios pensaban que el hombre debía analizar sus pensamientos y sus sentimientos para descubrir cuáles les conferían fuerza para actuar y cuáles los paralizaban.

En este análisis se descubre que los pensamientos y sentimientos nos impulsan a una cierta acción para saber qué tipo de pensamientos y de sentimientos debemos potenciar en la acción. Aunque parezca un juego de palabras, en realidad es algo serio. Un acto nunca tiene lugar como consecuencia de un pensamiento abstracto ni de un frío concepto intelectual.

Todo acto es originado por un pensamiento que posee vitalidad y color, que evoca un sentimiento. Sólo así tendrá la suficiente fuerza como para generar una acción. El color y la vitalidad le son dados al pensamiento a través de la imaginación creativa. Los pensamientos deben crear imágenes vivas.

Los pueblos orientales han practicado, desde lejanos tiempos, el arte de crear pensamientos vivos, llenos de imaginación y de color. Pero este es un arte que en Occidente ha sido olvidado e ignorado. Los pensamientos dispersos e incoherentes que saltan de un objeto a otro son sólo pálidos fantasmas sin vida. Son estériles, no despiertan ningún sentimiento, ninguna acción. Carecen de valor.

Detrás de cada acción hay siempre un sentimiento.

Para producir la acción correcta es necesario el sentimiento correcto.

Los sentimientos correctos son fuentes de energía, armonía y felicidad. Mediante este análisis el hombre puede empezar a desarrollar la voluntad, reforzando los sentimientos que crean energía y evitando aquellos que la agotan.

Los esenios descubrieron que la voluntad es una cualidad que se adquiere. Ejercitar la voluntad significa un esfuerzo perseverante y paciente. A través de ese esfuerzo, los sentimientos elevados de un individuo crearán gradualmente un gran depósito de energía y armonía y las emociones inferiores, que sólo generan debilidad y desequilibrio, serán naturalmente eliminadas.

El sentimiento que genera la mayor cantidad de energía es el amor, en todas sus manifestaciones, pues el amor es la fuente primordial de toda existencia, de todas las fuentes de energía, de armonía y de conocimiento. Manifestado en la naturaleza terrestre confiere todo lo necesario para la salud. Manifestado en el organismo humano confiere armonía dinámica entre todas las células, órganos y sentidos del cuerpo. Manifestado en la conciencia posibilita al hombre la comprensión de la ley natural y cósmica, incluyendo las leyes sociales y culturales. La clave de la manifestación de esta enorme fuente de energía es la voluntad.

LOS ENEMIGOS DE LA VOLUNTAD

Los esenios manifestaban que los tres enemigos de la voluntad eran la dispersión de la energía, la pereza y la sensualidad. Los tres pueden conducir a otro enorme enemigo: la enfermedad.

La buena salud es el mayor amigo de la voluntad. Un individuo saludablemente dinámico ordena y su voluntad obedece. Sin embargo, tanto el dolor muscular como la debilidad nerviosa paralizan la voluntad.

Los esenios consideraban que todo lo importante en la cultura humana había sido creado gracias a la voluntad. Sólo quienes la utilizaban podían generar los verdaderos valores. Así se dieron cuenta de la necesidad de educar la voluntad y consideraron que la clave de esa educación era la dirección de los sentimientos mediante la imaginación de su mente creativa.

A través de su profunda comprensión de las fuerzas psicológicas, las comunidades esenias enseñaban al hombre el camino de la libertad, el camino para liberarse de la ciega aceptación de las situaciones negativas, ya fueran éstas en el cuerpo físico o en la mente. Mostraban la vía de la evolución óptima. Los esenios tenían mucho cuidado en que los alimentos que ingerían estuvieran en armonía con la ley natural, siendo igualmente meticulosos con su dieta de pensamientos y emociones. Sabían que la mente inconsciente es como una pantalla sensible que registra todo lo que el individuo ve y oye, siendo por ello necesario evitar que todo pensamiento negativo, como miedo, ansiedad, inseguridad, odio, ignorancia, egoísmo e intolerancia entre por la puerta de la mente inconsciente. Tenían muy clara la ley natural según la cual dos cosas no pueden ocupar el mismo espacio en el mismo momento y sabían que una persona no puede pensar dos cosas simultáneamente.

Por lo tanto, si la mente está ocupada con pensamientos positivos y armónicos, los negativos e inarmónicos no tendrán cabida en ella.

Los pensamientos positivos deben introducirse en el inconsciente para sustituir a los negativos y, al igual que las células muertas del cuerpo, deben constantemente ser sustituidos por otros nuevos y éstos también deben renovarse.

El autoconocimiento es la cura y la clave

El hombre ha logrado acumular una enorme cantidad de conocimientos teóricos en el marco de su cultura científica, pero ello no ha contribuido a mejorar su felicidad ni su evolución individual. No ha servido para conectarlo con el Universo, con el sistema cósmico, ni para mostrarle su lugar y su propósito en él. Sin ese conocimiento no puede seguir el sendero de su evolución ni tampoco colaborar en la evolución del planeta.

Los esenios, considerando que el hombre vive inmerso en un campo de fuerzas, sabían que las fuerzas cósmicas y naturales que lo rodeaban y fluían a través de él eran superiores y positivas. Pero también sabían que el hombre, mediante sus desviaciones de la ley en pensamiento, sentimiento y acción, crea constantemente fuerzas negativas, en medio de las cuales también vive. Está conectado con todas estas fuerzas y no puede separarse de ellas; además, consciente o inconscientemente, está siempre cooperando con éstas.

Hace miles de años los esenios poseían un sistema de análisis mucho más completo que el psicoanálisis practicado hoy. Está alejado de nosotros en el tiempo, pero posee una cualidad universal de la que la psicoterapia moderna carece. Representa un diario personal de los ideales esenios de conducta y evolución individual y puede resultar de gran valor al hombre contemporáneo como control de su equilibrio y de su armonía con la ley natural que rige todo el Universo.

Este sistema había sido practicado en tiempos de Zoroastro. El individuo hacía un autoanálisis semanal de todos sus pensamientos, sentimientos y actos.

Este análisis mostraba en qué proporción estaba cooperando con las fuerzas superiores o desviándose de ellas y le daba una información clara de su carácter, de sus habilidades y de su situación física, todo ello indicativo de su grado de evolución en la vida. Al mismo tiempo este análisis les permitían reconocer sus puntos fuertes y débiles.

Y así, se esforzaban con vigor y entusiasmo para hacer que el pensar, sentir y actuar fueran cada vez mejores, y progresar y evolucionar. La cuestión es saber en qué grado los descubrimientos de la ciencia moderna han contribuido a la felicidad y al bienestar del individuo.

La inseguridad, la enfermedad, la habitual inquietud económica y social de esta época, hacen que la respuesta de las personas sea definitivamente negativa. Las enfermedades psicológicas o físicas están originadas en la falta de conexión de la ley de la armonía con las fuerzas naturales y cósmicas. La psicología y la medicina moderna tienden a acentuar sólo una o dos de esas fuerzas naturales.

Sin embargo, el sistema practicado en tiempos de Zoroastro consideraba que la armonía con todas las fuerzas naturales y cósmicas era necesaria para la salud total y para el equilibrio psicológico.

Los nuevos descubrimientos de medicina que utiliza la física cuántica están volviendo al origen que los esenios habían planteado de manera simple. Los físicos cuánticos descubrieron que todo está regido por la inteligencia. Afirman que las moléculas tienen sus propias leyes inteligentes. Entonces, si cada molécula se rige por un sistema inteligente, tiene la memoria de todo lo creado y por lo tanto a través del pensamiento el ser humano puede remontarse al punto mismo de la creación, que a su vez le dio origen a él mismo.

La superioridad del pensamiento esenio sobre otros sistemas se basa en su cualidad universal. Nos muestra que este trabajo del autoconocimiento debe ser efectuado día a día por el propio individuo.

Uno de los significados que se le ha dado a la palabra "esenio" es *terapeuta*, porque esenio deriva de la palabra hebrea *Asa*, que significa *sanador*. Lo cual en cierto sentido es una realidad, aunque más amplia de lo que pueda aparentar.

Además de actuar en la cura de enfermos, ese pueblo tenía como propósito más elevado la cura de la humanidad y de la vida en toda la faz de la Tierra, lo que se consumó en el grado en que fue posible en aquella época.

No fue el propósito de los esenios, ni en tiempos de Zoroastro ni posteriormente, dividir las fuerzas naturales y cósmicas en patrones rígidos o artificiales. Simplemente quisieron considerarlas de una forma que expresara claramente su valor y su utilidad en la vida humana.

Las enseñanzas de los esenios daban al hombre un claro conocimiento de su lugar y de su papel en el Universo y su método de autoanálisis semanal les permitía saber claramente que había sido comprendida la enseñanza permanente y cómo se estaba practicando en el sendero de su evolución individual.

Era interesante cómo el hombre se ocupaba de su desarrollo personal en este tipo de disciplina. En cambio, actualmente el ser humano está inmerso en los fines que la sociedad material lo condiciona a cumplir.

EL MÉTODO DE LOS ESENIOS

Los esenios adjudicaban para el análisis de cada elemento la comprensión del funcionamiento de ocho fuerzas que correspondían a las fuerzas terrenales, y de otras ocho que correspondían a las cósmicas. Lo maravilloso y sorprendente de este grupo de maestros es que se buscaba la unión de lo cotidiano y terrenal, de lo celestial y sagrado, con la convivencia práctica.

Las fuerzas terrenales eran:

- El sol
- El agua
- El aire
- El alimento
- El hombre
- La tierra
- La salud
- La alegría

Las fuerzas cósmicas eran:

- El poder
- El amor
- La sabiduría
- La conservación
- El Creador
- La vida eterna
- El trabajo
- La paz

El análisis consideraba cada fuerza bajo tres aspectos diferentes:

1. Cada fuerza o poder tenía que ser comprendida y experimentada.

2. El individuo comprendía el significado de estas fuerzas profundamente, en forma sincera, y trataba de emplearlas en su mundo interior y exterior.

3. Las fuerzas eran utilizadas por cada individuo continuamente y del mejor modo posible para curar o aprender, logrando llegar a lo esencial y natural.

Cuando se comprenden profundamente los principios antiguos —pero siempre presentes de los esenios— la materia deja de ser un proceso de lucha y de conflicto.

En la energía divina o cósmica se encuentra la sabiduría milenaria. No hay separación ni opositores, no hay polaridades del bien o del mal, no hay antagonismos. La profunda enseñanza que Cristo dio a los hombres sigue vigente hoy más que nunca: el Reino de los Cielos habita dentro nosotros.

Con esta afirmación estaba sosteniendo que las leyes de la Tierra (cuerpo) y del Cielo (espíritu) son iguales. Sólo tenemos que conectarnos con esa naturaleza intangible pero concreta. Esa es la unión que trasciende todos los opuestos y termina con la lucha y el sufrimiento.

La totalidad de la vida sólo participa de una misma meta: la evolución del ser. La humanidad tiene que comprender que el camino de la paz es el camino de la unificación con aquello que es trascendente, que está más allá de la comprensión de la conciencia, de los sentidos y de la materia. Así puede conocer el destino del Universo y reunir las posibilidades internas de crear nuevos destinos en plenitud con su esencia divina.

Lo manifestado en este Universo se creó a partir de aquello que en algún instante fue caos. El ser humano fue, en ese instante, el canal o el instrumento para todas las manifestaciones de la energía divina.

Comprendiendo que estas leyes fluyen naturalmente en todos los niveles de la vida, podemos alinearnos con el único propósito universal que expresa la ley: *Ser Uno, ser con la totalidad infinita.*

Capítulo 10

LOS ÁNGELES COMO GUÍA PRÁCTICA

Tu energía fluirá hacia donde estés
concentrando tu atención.
La vida es como el eco:
si no te gusta lo que estás recibiendo,
presta atención a lo que emites.
Cualquier manifestación en tu Universo físico
es coherente con la emisión energética espiritual
de tu mente y tu corazón.
Sí te concentras en la alegría
te provocará un aligeramiento en tu vida
y es la dieta más eficaz para sentir la liviandad.
Te daré una receta maravillosa:
Todos los días colócale un título a tu día, por ejemplo:
"Hoy es un día brillante de felicidad" o
"Esta jornada se llama regocijo".
"Hoy es una fiesta inolvidable".
Así, puedes seguir creando 365 alegrías,
tantas como los días del año.

Mabel Iam

Práctica espiritual

Nunca hice un mito de mi pasado ni de mi vida, como comenté al principio de este libro. Porque el pasado fue una experiencia vivida, que muy lejos, ahora, el presente puedo analizar sus detalles. Sin embargo, mi pasado está cada vez más sintéticamente integrado a mi presente, como parte del gran holograma de la totalidad de mi vida.

Trato de buscar la esencia en la inmensidad de este instante presente, como ahora mientras escribo en silencio y voy relatando estas humildes líneas.

Del pasado amo todo. De mi futuro amo todas sus posibilidades. Afirmo que no recuerdo mis hechos no manifestados aún y esto parece una aseveración sin sentido.

Tiene una explicación muy lógica, porque todos planeamos nuestro futuro y lo construimos sobre la base, la forma de los tiempos y espacios de todo lo que hemos experimentado en el pasado. Así el pasado se convierte en el futuro. Pasando por alto el presente. De esta forma, por miedos que nos atan, nuestro ego no nos permite darle apertura a lo nuevo, a lo inesperado, a lo desconocido a las nuevas posibilidades que nos brinda la vida. Aquellos premios y bendiciones que nos esperan. Tenemos que darnos la gran oportunidad de vivir aquellos acontecimientos del devenir, los Angelicales instantes futuros que nuestra conciencia de hoy no conoce. Cuando escribo esto lo hago casi gritando en silencio. Como cuando los Ángeles nos murmuran y nos alertan de cada situación porque son nuestros guardianes. Protegen la luz de nuestro interior.

La vida es un eterno y bello trabajo en el que debemos, primero, aceptar que tenemos que indagar y conocer los mecanismos de nuestro ego. Es tan difícil —cuando la vida está cargada de miles de distracciones— comprender los anhelos de nuestra alma que trata desde siempre de conectarse con la esencia de la personalidad y orientarla con su luz.

Cuando integramos el impulso del alma a nuestra vida, comenzamos a sentir conscientemente algunas experiencias espirituales que nos recuerdan lo infinito y poderoso que es el principio de la vida, especialmente cuando barremos todos los miedos que siente nuestro pequeño ego. Si logramos crecer hasta la estatura de adultos espirituales podemos integrar nuestra alma a nuestra personalidad. Tenemos la posibilidad de convertirnos en Ángeles.

Aquí, comparto con ustedes una agenda o cuaderno de Ángeles y un diario de zonas Angelicales que me ayudaron a cumplir todos mis sueños y me ayudaron a encontrar las personas correctas en el tiempo justo y en el lugar indicado. Ahora, podemos construir nuestro destino de Luz.

Una agenda o cuaderno de ángeles

Además de la repetición de las afirmaciones, palabras o nombres, además de la relajación y la invocación angélica, es conveniente crear un cuaderno de Ángeles y un diario de Zonas para nuestro autocrecimiento con la asistencia Celestial.

Si queremos lograr una verdadera evolución en todos los planos es importante que queden registrados nuestros deseos, anhelos, esperanzas, aspiraciones y sentimientos en un texto a modo de diario.

Ahora es el tiempo de trabajar en forma escrita con nuestros Ángeles. Toma un cuaderno que tenga una tapa y un papel muy especial. En caso de que no encuentres uno que te guste cubre sus tapas de dibujos, o con papel de colores brillantes. También puedes recortar de distintas revistas figuras que te representen a ti o a las bellezas Angelicales. Colócale un nombre al cuaderno por ejemplo:

- Calendario de Ángeles
- Cuaderno de Ángeles
- Agenda de Ángeles
- Cuaderno de mensajes de Ángeles
- Cuaderno de amor y de luz
- Agenda de luz
- El porta-dador de luz

Primera hoja

En la primera hoja colócale tu nombre y fecha de nacimiento. Si tienes el gráfico de tu carta natal puedes pegarlo. También busca una foto tuya donde te hayas sentido muy feliz.

Nuestros deseos y cómo concretarlos

A medida que comiences a ordenar tus deseos, tanto en tu mente como en tu corazón, enumera en una lista los pedidos más importantes que puedes hacer para que los Ángeles te apoyen.

Imagina que se te ha otorgado la lámpara de Aladino. Esa lámpara trae en su interior millones de Ángeles para tu servicio. Quizás, descubras que ese poder te asusta, o te alegra, pero debes hacer la lista con convicción, devoción y reverencia a tu Ángel supremo que habita en tu corazón. Por ejemplo:

- Quiero trabajar en mi verdadero propósito
- Deseo un trabajo que me guste
- Quiero formar una pareja y amarnos eternamente
- Deseo una casa como la de mis sueños
- Quiero tener amigos del alma
- Quiero aprobar mis materias
- Deseo cambiar cierto aspecto de mi personalidad
- Deseo triunfar en todo lo que me proponga
- Quiero que tal persona no sufra más

Es muy importante anotarse dentro de la lista de todos los días un servicio desinteresado para otra persona. Antes de hacerlo averigua cuál es el verdadero deseo de esa persona, nunca se lo comentes y trata de averiguarlo con discreción. A nadie le gusta demostrar su propio estado de vulnerabilidad o de necesidad.

Lo único importante es saber que fuiste una herramienta junto a los Ángeles para servir a esa persona.

Todos los días revisa tu lista

Recomiendo que escribas los deseos que tengan más importancia para ti o bien con un color especial, como amarillo, dorado, etc. También puedes recortar las letras de una revista para luego pegarlas.

El trabajo de buscar cada letra será un juego que ayudará a que el anhelo que posees crezca y se fortalezca. También puedes dibujarlos o simplemente recortar figuras que se asemejen a la imagen de tu deseo en ese color.

Para que se manifiesten tus pedidos, es importante que Las Leyes de la Creación se definan claramente, como un arquitecto que dibuja una maqueta antes de construir un edificio.

Trata de conectarte tan fuertemente con tus deseos que sientas la vibración del Ángel que deseas invocar, aquellos que puedes encontrar en los capítulo 4 ó 12 de este libro y que anotes tus afirmaciones para llamar al Ángel que te asista acompañado de tu deseo. Por ejemplo:

Quiero que este cuaderno sea milagroso,
que contenga amor, sabiduría y poder para mí.
(Tu nombre) con la ayuda permanente de los Ángeles.
Deseo que el Ángel de los milagros me asista en este pedido.
(Escribes tu deseo)

Transformación de mi vida

Si deseas transformar tu vida puedes llamar a varios Ángeles para que trabajen juntos y unidos en diferentes funciones. Elige los Ángeles descritos en el capítulo 4 y si lo deseas utiliza aquellos que se describen para cada signo en el capítulo 12 de este libro.

Piensa y organiza todas las cosas que quieres cambiar en tu vida. Confecciona una lista de todas las causas que originaron la situación conflictiva que deseas modificar. Llama al Ángel de los secretos para que te oriente sinceramente, para no cargar con la responsabilidad de tus propios problemas a otros.

Invoca al Ángel del perdón para que te guíe suavemente al perdón de esa causa y al Ángel de la voluntad para que te enseñe a transformarla. Pueden ser aspectos de tu persona o de trabajo, de pareja o de tu vida en general. Por ejemplo: tengo dificultades para compartir con los demás mis temas personales o mis objetos de pertenencia. La causa puede residir en que valoras más a los objetos que a los vínculos con los demás.

Puedes afirmar entonces en tu cuaderno debajo de un deseo:

A partir de hoy voy a compartir mis pertenencias,
y también mis sentimientos con mis seres amados . . .

Es importante que afirmes las causas, hagas el proceso de comprensión y luego afirmes en el tiempo presente ya la transformación.

Sueños y sentido

Crea en tu cuaderno un capítulo donde escribas sueños o imágenes que te aparezcan durante la noche que has invocado a los Ángeles para transformar determinada cosa o simplemente aquello que le hayas pedido, especialmente las imágenes de los sueños que te sorprendan o te impacten. Posiblemente sean dictados de tu propia alma para que puedas comprender mejor aquello que necesitas.

Invoca al Ángel de los sueños, como se describe en el capítulo 12, este Ángel pertenece al signo de Piscis, si tu no eres de ese signo, no es importante, lo fundamental es que puedas captar la energía que el Ángel posee. Para que traduzca o interprete en forma más dinámica el sentido profundo de esas imágenes oníricas que te fueron reveladas para ti.

Agradecimiento

Es importante hacer también una lista de todas las personas a las que cada día tienes que agradecerle alguna cosa.

Solicita al Ángel de la belleza que te ilumine para hacerlo con la suficiente humildad y amor.

Actos de creación

En este capítulo anota todas las cosas que te gustaría crear y ubica una fecha para la realización de las mismas. Ordena al Ángel creador que te ayude a manifestarlo con la voluntad de las leyes cósmicas de precipitación de la energía.

Espera con armonía y confianza que el Ángel te inspire a concretar cada uno de los frutos del árbol de luz que habita en tu corazón.

Pistas de Ángeles

Invoca al Ángel de la paz para que te ayude y te muestre todo el tiempo cuáles son tus momentos de conexión con los Ángeles durante ese día y que te ayude a recordarlos. Cuando llegue la noche trata de escribirlo en tu cuaderno como pistas y encuentros con los Ángeles.

Anota también todas las situaciones que te parezcan llamativas o que tengan coincidencia con lo que piensas y luego sucede en la realidad. La sincronicidad es un estado de la energía que significa mucho más que simples "casualidades". Será esta una lista de éxito total para ti.

Última hoja

Escribe en la última hoja del cuaderno tus metas espirituales. O alguna oración en forma de rezo o poesía que desees dedicar a los Ángeles protectores.

A continuación presento una lista de ejemplos para que los utilices como síntesis o ayudar a recordar cada uno de tus objetivos, de la forma que se describió anteriormente. Cuando menos lo imagines te trasformarás en la inspiración de todos los Seres con los que te encuentres.

Diagrama tu trabajo interno y cada paso que realices con la fiel, infinita e incondicional ayuda de los Ángeles y el milagro mayor es que también puedes ayudar a otras personas.

Para programar tu agenda deberás incluir:

1. Tu deseo: aquello que quieres lograr en forma detallada.
2. Descripción: cómo lo quieres, especialmente todos los detalles sensoriales que te aparezcan en tu trabajo espiritual.
3. Afirmación: utiliza la afirmación que este libro indica o la que tú hayas creado con tu Ángel guía.
4. Aprendizaje de cada día: la afirmación o aprendizaje como síntesis de cada día.
5. Mensajes: los mensajes que los Ángeles te dieron durante tu trabajo interno.

Puedes hacerlo en forma de cuadro como aquí se presenta:

Logro	Puedes escribir tus sueños reales o lo que desees realizar, y la fecha del sueño como la del momento en que deseas concretarlo.
Lugar	Dónde, en qué espacio y cómo. Cuál es el lugar que te imaginas o en el que deseas estar en el momento de tu logro.
Imágenes	Las imágenes, colores, percepciones, etc., que al invocar a los Ángeles te aparecieron.
Fecha	Día, mes, año exacto. El Universo es literal.
Personas para agradecer o ayudar	Incluir estas lista de personas en las bendiciones angelicales.

El diario de las zonas ángelicales

Las zonas para cambiar, trasformar, profundizar y conocer de tu vida están muy bien definidas, a continuación, en este capítulo. Así, que tendrás la posibilidad y oportunidad de ahondar en cada detalle de tu vida cotidiana y espiritual.

Además de crear el cuaderno de Ángeles que te ayudará en tu proceso de convertirte en Ser Celestial, puedes llegar a un plano más profundo de tu conocimiento interno y crear un diario de zonas de superación personal con asistencia angelical, que te acompañará como una verdadera luz en tu camino.

El objetivo de crear este diario es brindarte una ayuda para que registres cómo son tus progresos y evolución en la conciencia de tus pensamientos y sentimientos de todos los días para cambiar y transformar el destino.

Cuando decidimos avanzar o evolucionar en nuestro destino vivenciamos cambios y también una fundamental toma de conciencia de todo aquello que no nos da satisfacción. Investigando primero en nosotros mismos cuál es la conducta que no nos permite realizarnos en todos los niveles de la vida, comprenderemos que todo proceso de transformación comienza con la intención de lograrlo.

Para eso debemos definir con claridad todo aquello que queremos modificar para realizar nuestro verdadero desarrollo. El mejor modo de comenzar consiste en iniciar con entusiasmo y confiar en nuestras posibilidades.

Zonas de objetivos

En esta área del diario es importante elegir un Ángel para comenzar a trabajar. Lo primero es hacer la relajación, la invocación y la afirmación como lo explica el capítulo correspondiente. Luego puedes seguir con el primer paso.

Las primeras páginas del cuaderno estarán dedicadas a aclarar cuáles son tus verdaderos propósitos en el presente y debes dejar un espacio para ir completándolo a medida que aumentes o cambies tus objetivos o simplemente los perfecciones. La idea es que siempre sean metas para el presente o el futuro inmediato.

Estas primeras páginas de este sector del diario se titularán: Zonas de objetivos

Esta parte del diario es justamente el espacio a desarrollar dentro de ti mismo, la parte interna que ya contiene los pensamientos y sentimientos de amor, sabiduría, protección, creación, abundancia , poder, etc.

Si trabajas en esta zona de tu vida con firmeza, disciplina y dedicación podrás realizar y comprender cuáles son los cambios que tienes que hacer. Y cuales ya realizaste para transformar tu camino.

Numera tus metas en el orden más obvio. Busca posibles pasos, ¿cuál paso será la meta que me llevará a la siguiente? ¿Qué espero lograr primero? ¿Qué objetivos tienen el segundo lugar? ¿Crees que cada uno de estos objetivos será un escalón para el siguiente?

Ahora que ya has enumerado tus metas y les has asignado una prioridad, puedes empezar a trazar un plan de acción efectivo. Pero antes debes saber que hay una larga lista de cosas que crees de ti mismo, del mundo, de Dios, de tus potenciales, del destino y muchas otras. Estas creencias, que llegaron a ti desde el exterior, se convirtieron en tu doctrina y tal vez puedan obstaculizar tus objetivos.

Estas son algunas preguntas que puedes hacerte para ayudarte a encontrar el camino para desarrollar la zona de objetivos. Intenta hacerte estos interrogantes a ti mismo, con la mayor profundidad y sinceridad:

- ¿Quién soy? ¿Qué deseo ser?
- ¿Qué podría hacer para experimentar y mejorar mi relación con mi cuerpo?
- ¿Cómo podría expresar quién soy y lo que quiero?
- ¿Cómo me gustaría relacionarme con la gente?
- ¿Qué misión deseo cumplir y cómo podría hacerlo?
- ¿Qué creencias o filosofías influyen sobre mi modo de actuar?
- ¿Qué es lo que necesito concretar?
- ¿Cuál es el trabajo o cuáles son las responsabilidades que yo podría asumir?
- ¿Qué deseo puedo concretar ahora?
- ¿Cómo podría dar y desarrollar una mayor seguridad dentro de mi mismo?

- ¿Cómo me permitiría experimentar una vida hogareña y también personal, que sea satisfactoria?
- ¿Qué es lo que necesito empezar de nuevo en esta esfera (trabajo, pareja, relaciones familiares, etc.) de mi vida que me provoca conflicto?
- ¿Cómo podría tomar un contacto más profundo con lo recóndito de mí mismo?
- ¿Cómo podría dar una respuesta compasiva y servicial a los demás?
- ¿Me gustaría ser creativo?
- ¿Cómo podría mejorar mis experiencias de todos los días?
- ¿Qué problemas en mi vida tengo que afrontar aquí y ahora?
- ¿Qué tengo que trasformar para modificar lo que ya no me hace feliz?
- ¿Cómo podría participar totalmente y profundizar mi experiencia cuando logre transformarla?

Todos los conocimientos verdaderos provienen de la experiencia, y por lo tanto existe esa información en tu interior libre de dudas. Confía en ti.

El conocimiento interno es inagotable y habita en las *zonas de objetivos* que están libres de todas las creencias negativas, por eso debes indagar en tus creencias para limpiar el campo de tu mente y acercarte a la parte celestial de tu interior.

ZONAS DE INTENCIONES

Lo mismo que en la zona de objetivos realizarás, los mismos pasos, relajarte e invocar al Ángel que necesites para atravesar esta zona de tu vida. Consulta el capítulo 4 de este libro.

En el Diario de tu desarrollo interior podrás usar otras páginas para escribir y actualizar periódicamente tus intenciones.

En las *zonas de intenciones* es donde se encuentran tus verdaderos y esenciales proyectos en relación con tu crecimiento en la totalidad de tu vida. Tener una intención de cambiar algo ya es una forma de empezar a transformarlo. Declara tus metas en una forma muy positiva y trata de ser muy específico. La definición de tus metas en la forma más sencilla te ayudará a definir qué es exactamente lo que deseas.

Una intención clara es el primer paso hacia el éxito. Pero antes *enumera los obstáculos* que podrían surgir en tu camino para llegar a tu destino de éxito, como por ejemplo: falta de capacidades, actitudes o hábitos negativos, creencias limitantes, familia o amigos adversos.

La primera regla para resolver cualquier desafío es hacer un buen estudio del problema. Una vez que hayas identificado los obstáculos o los bloqueos en el camino, entonces podrás crear una solución. Relajado en el cuerpo y en la mente utiliza la creatividad y la imaginación para *establecer las soluciones* a fin de superar cada obstáculo que hayas enumerado.

Aplica las soluciones en el nivel externo en caso de que se presente algún problema. Decide entonces seguir los pasos necesarios para el logro de tus metas. ¡Primero el pensamiento, después la acción!

Una vez que hayas identificado y aclarado las soluciones para superarte, *fija un límite de tiempo* para llegar a realizar ese objetivo o esa meta. Un tiempo razonable: sé considerado contigo mismo. Anota esa fecha en tu cuaderno junto con tu objetivo, por ejemplo, cuatro meses, tres semanas, etc.

Si te fijas un tiempo, eso te dará un incentivo para seguir avanzando. Es mejor establecer una "estructura de tiempo", no un "límite de tiempo". Tu estructura de tiempo debe ser flexible: ocasionalmente necesitarás más tiempo del que te has fijado para llegar a tu objetivo. Si te fijas un límite de tiempo, podrías desalentarte si esa meta requiere más de lo que esperabas. Espera llegar a tiempo a tu meta y sé capaz de ajustar su estructura de ser necesario.

Enumera todos los beneficios y las recompensas personales que disfrutarás una vez que hayas llegado a tu destino. Si tu objetivo es ayudar a los demás, piensa en la satisfacción personal que obtendrás a través de esa acción. Busca y encuentra una recompensa personal para cada meta; enumerar todos esos beneficios anticipados te ayudará a desarrollar la automotivación y la determinación necesarias para mantener alto tu entusiasmo todo el tiempo. Serás capaz de mantenerte en el camino para llegar a tu *destino de éxito*.

Antes de empezar, tómate un tiempo para reflexionar sobre tus principales metas en relación contigo mismo, y cuáles son las que deseas concretar. Querer es poder y hacer, por lo tanto: ¿Realmente quieres eso?

Tendrás que estar convencido realmente, porque sino tu *zona de intenciones* tal vez no sea lo bastante fuerte o sólida como para poner en movimiento procesos que conduzcan a la realización.

Cuando anotes tu lista de intenciones, inicia cada declaración con un YO QUIERO, escrito con mayúscula. He aquí unos ejemplos posibles:

YO QUIERO ser más consciente de los mensajes negativos que pienso y los mensajes positivos con que los reemplazo.

YO QUIERO ocuparme de mi cuerpo, preparándole alimentos nutritivos y haciendo ejercicio tres veces por semana.

Asegúrate de elegir metas realistas, para medir tu actividad interior, en vez de metas demasiado abstractas o relacionadas con un futuro remoto, por ejemplo:

YO QUIERO ser un profesional triunfador.

YO QUIERO ser un ser humano afectuoso.

Puedes "querer" reflexionar sobre todos los aspectos de tu vida: tu relación con tu mente, tu cuerpo, tus sentimientos y tu espíritu, al igual que con tu trabajo, tus amores, tus amistades, tu tiempo libre, tu hogar, etc., todo esto de acuerdo a cómo definas tus principales intenciones.

Periódicamente, tal vez desees añadir algo a tu lista, o incluso observar la gran cantidad de intenciones que ya se instalaron en tu vida, y redactarlas de nuevo a fin de expresar brevemente aquellas diez o doce que sean muy importantes para ti. Quizás también desees leerlas totalmente o repetirlas para ti cada día, a fin de reforzar tu compromiso de concretarlas. Puedes preguntarte antes de escribir tus nuevas intenciones:

- ¿Qué necesito comunicar ahora de mi persona a los demás?

- ¿Qué conocimientos podría obtener?

- ¿Qué reflexión necesito efectuar acerca de este ámbito de mi experiencia?

- ¿Cómo podría satisfacer mis necesidades de cambio?

- ¿Cómo podría establecer relaciones más amables?

- ¿Qué valores necesito concretar y expresar?

- ¿Cómo podría satisfacer mi necesidad de belleza, paz o experiencia estética?

- ¿Qué nuevos comienzos quiero emprender aquí?

- ¿Qué actividades serian estimulantes para mí?

- ¿Qué deseos procuro complacer?

- ¿Cómo necesito afirmarme?

- ¿Qué riesgos puedo asumir?

Cuanto más claramente puedas responderte, experimentarás mejor los beneficios y cada vez serás más eficaz en traducir tus palabras o pensamientos en acciones.

Recordar que cada afirmación que escribas luego de ayudarte con las preguntas deben comenzar con: YO QUIERO . . ., y finalizar la frase con . . . AQUÍ Y AHORA. Ambas expresiones o palabras son claves mágicas y energéticas para tu conciencia interna.

ZONAS A FAVOR

En esta sección del diario, *zonas a favor*, registrarás cotidianamente las experiencias en las que te sientes *bien*: en relación contigo mismo, con tus actividades y con los demás.

Para continuar con todos los pasos, tendrás que elegir el Ángel que te asista. Lo nombrarás tu Guardián, pero debes saber que para tu trabajo interior puedes cambiar de Ángel cada día. Lo importante es cumplir los objetivos que te habías propuesto para cada situación a tu favor.

Elige antes de comenzar con este sector una palabra o frase que corresponde a tu lista de deseos. Te ayudarán si las repites mentalmente como un mecanismo disparador que te recuerde tus objetivos, por lo menos durante cinco minutos antes de continuar con los puntos a favor. Esas palabras disparadoras te ayudarán a corregirte constantemente a ti mismo.

Cada noche, escribe por lo menos media página en la que registrarás alguna experiencia que hayas percibido como fundamental —al comenzar una acción interior o exterior— según tu escala de valores y tus aspiraciones para el éxito. Es muy probable que quieras prestar mucha atención a aquellas experiencias que reflejen tus intenciones y tus logros; por ejemplo, aquellas experiencias relacionadas con la confianza y el trato que te diste a ti mismo o a los demás, y todo aquello que has concretado a lo largo del día que estaba escrito en *tus zonas de objetivos*.

Si eres el caso de esas personas rigurosas, que se imponen normas perfeccionistas, entonces tal vez merezcas declarar en la lista de *zonas a favor* el hecho de que te hayas permitido sentirte muy bien cuando te equivocaste en algo; por ejemplo:

Esta tarde vi televisión en lugar de estudiar, y me perdoné el no ser más productivo; o bien:

Me sentí deprimido y me eché a dormir en vez de obligarme a asistir a la fiesta.

Lo más importante que tiene que contener *las zonas a favor* es la forma en que deseas fortalecer tus logros y perdonar tus errores. Porque el hecho de que te maltrates cuando frustraste tus propias expectativas no te conducirá a ningún cambio saludable.

Estas son algunas preguntas que puedes realizarte a ti mismo antes de comenzar registrar tus actos diarios:

- ¿Qué compromisos quiero tomar?
- ¿Cómo es que yo podría sentirme fuerte y con confianza en mi mismo?
- ¿Cómo podría disciplinarme y hacer lo propio con mi voluntad?
- ¿Qué necesito hacer para estabilizar y consolidar aquello que ya logré en mi vida?
- ¿Cómo quiero cambiar, liberar o transformar mi experiencia?
- ¿Cómo haría para expresar mi individualidad y mi originalidad?
- ¿Cómo podría volverme receptivo respecto de otros modos de pensar y vivir?
- ¿Qué es lo que me gustaría experimentar?
- ¿Cómo me sentiría más plenamente libre e independiente?

Cada semana, o al finalizar cada mes, vuelve a leer por completo tu lista de *zonas a favor*, percibirás cómo de manera clara estás avanzando en tu propio crecimiento interno y externo.

También es importante que te *sientas* bien y relajado cuando anotes tus zonas a favor; que percibas sentimientos positivos, como cuando recibes un obsequio de un amigo (o amiga) especial. El regalo más preciado es comprender tu capacidad para crear tu propia realidad.

Te sentirás cada vez más inclinado a prestar atención a tus experiencias positivas relacionadas con tu crecimiento, y menos preocupado y desanimado por otras.

ZONAS DE EXPERIENCIAS POSITIVAS

Aquí puedes trabajar con el Ángel del amor y el Ángel de la oportunidad que te guiarán por el camino de la perfección.

Esta parte de tu diario se titulará *zonas de experiencias positivas*. ¿Qué experiencias verdaderamente satisfactorias en lo emocional has tenido, que te hayan dejado una sensación de plenitud y/o sentimientos de amor y alegría?

En nuestra vida *necesitamos* experiencias positivas que nos nutran. Una parte del proceso de autointegración consiste en aprender a abandonar los deseos no alineados con nuestras necesidades y encauzarnos hacia el descubrimiento y la realización de aquellos deseos que lleven a la satisfacción. Cuando empieces a anotar en *tus zonas de experiencias positivas* en tu diario, quizás quieras registrar también, por separado las experiencias que fueron realmente positivas y las que deseamos experimentar para lograr una mejor nutrición interior. Con esta finalidad puedes optar por emplear una página por semana o por mes.

Lee por completo tu lista de experiencias positivas cada mes y consúltala antes de tomar decisiones, podrá ayudarte a crear experiencias positivas y a abandonar las metas, las actividades y las relaciones insatisfactorias que realmente no son positivas para ti.

Quizá quieras empezar tu lista de experiencias positivas recordando las de tu pasado o preguntándote cuáles podrían ser para el futuro o el presente:

- ¿Cuáles fueron las diez o veinte experiencias más satisfactorias que puedo recordar?

- ¿Qué puedo decir sobre los últimos cinco años?

- ¿Y el año pasado?
- ¿Con qué deseo contribuir actualmente a la sociedad?
- ¿Qué aventuras públicas o profesionales podría empezar?
- ¿Qué puedo hacer para experimentar más satisfacción con el mundo?
- ¿Cómo podría yo sentirme como si estuviera en la cima del mundo?
- ¿Cómo podría terminar con mi preocupación con las relaciones y las actividades del pasado?
- ¿Qué habilidad y talento desarrollé hasta aquí, y cómo podría encauzarme hacia un propósito nuevo que enriquezca mi vida?
- ¿Qué habilidad, talento y conducta podría desarrollar y expresar ahora a fin de convertirme en lo que soy capaz de ser?
- ¿Qué sueño deseo manifestar aquí y ahora?

Reflexiona también en cómo hacer para crear más experiencias provechosas y cómo las has creado anteriormente. Considera las experiencias que no tuviste, pero que crees que serían placenteras para ti.

¿Por qué no tratar de creerlas y ver qué sucede? ¿Cómo equilibrar con la experiencia al adulto y al niño que conviven dentro de ti?

Cada vez estarás menos inclinado a esperar que alguien de afuera o el destino vengan a rescatarte, y no sentirás la necesidad de que sean otros los que se ocupen de ti.

Asegúrate de verificar periódicamente tu progreso en alcanzar cada punto de tu destino para el éxito de tus experiencias positivas. Determina si estás en camino para llegar a tus metas en la fecha que te has fijado. De no ser así, realiza una reevaluación de tu estructura de tiempo y determínala según sea necesario. Divide tus objetivos en pasos, de manera que puedas darte cuenta fácilmente de tu progreso. Una vez que hayas llegado a tu experiencia positiva anota la fecha. Este dato te servirá para la evaluación de tus progresos en conjunto.

Zonas de seguridad

Hemos creado en nuestra vida, siendo o no conscientes, zonas de seguridad interna o "zonas de estabilidad" acerca de nuestras propias capacidades y acerca del mundo que nos rodea.

A veces cuando esta zona se vuelve muy rígida se convierte en un sector de comodidad, que bloquea el crecimiento, porque nos sentimos muy cómodos en ese espacio interno que suponemos estable. Entonces creemos conocer nuestras limitaciones: con razón o sin ella, suponemos saber qué es aquello que es posible, qué podemos y no podemos hacer. Estas creencias internas, por lo general, no se conocen por nuestros niveles conscientes externos. Por consiguiente, sin importar qué es lo que deseamos para nuestro desarrollo —dinero, fama, fortuna o una relación con éxito— sólo podemos desempeñarnos de acuerdo con las expectativas internas de nuestras zonas de comodidad actuales.

Este es el mejor momento para llamar al Ángel protector o guardián quien nos guiará en cada paso y en todo momento. Ahora nos detenemos a analizar cómo hemos creado una zona de real protección.

En algunos casos, el temor al éxito o al cambio puede hacer que el inconsciente haga todo lo que está a su alcance para destruir nuestras metas. Con objeto de romper este lazo mental autodestructivo, debemos alimentar a la mente para completar todos nuestros anhelos en forma de acción; por consiguiente, expandimos nuestras zonas de comodidad y la convertimos en una verdadera zona de seguridad.

Con la invocación del Ángel el inconsciente no bloqueará ninguna acción o meta que sea positiva: por eso cuando visualizamos nuestros objetivos también debemos usar la vista, el sonido, el olfato, el tacto, el gusto y los sentimientos como ayuda para completar y cerrar el circuito de la energía divina, y así, ayudamos a la conciencia interna a un mayor y profundo registro de cada objetivo.

El almacenamiento de datos precisos, efectivos y el accionar de nuestro pensamiento depende de dos factores:

1. La repetición. El frecuente repaso de nuestros objetivos.

2. La calidad de la alimentación. Para alimentarnos utilizamos las zonas de puntos a favor y la de las experiencias positivas. Para observar y evaluar nuestro crecimiento del proceso interno y mágico está destinada la creación de la zona de seguridad.

Entonces en este nivel del trabajo realizado con cada zona podemos continuar desarrollando y expandiendo nuestro diario, cumpliendo con aquello que está escrito en forma de deseos, pensamientos o sentimientos y al mismo tiempo analizar cómo se amplía nuestra confianza en nosotros mismos. En este proceso podemos ir desarrollando la autoestima y apreciar mejor nuestras acciones valorando a su vez a los seres que nos rodean.

Zonas de autoestima

En las últimas páginas de tu diario dedicarás una parte a la *zona de autoestima*, donde puedes hacer un inventario o lista de experiencias que promuevan la buena relación que tienes contigo mismo: aquéllas experiencias emocional y mentalmente satisfactorias que has tenido, todas las que acrecentaron tu respeto por tu persona y tu capacidad; la reflexión sobre dónde y en qué tiempo pasado, presente, o futuro te sientes confiado y responsable, a fin de vivir más de acuerdo con tus propios valores y funcionar en el mundo de manera más eficaz y armoniosa.

Antes de responder estas preguntas por ti mismo, invoca al Ángel del éxito y podrás comprender todos tus potenciales y capacidades al máximo de tu rendimiento.

Estas son algunas preguntas que puedes hacerte:

- ¿Cómo podría ser yo mismo más plenamente?
- ¿Cómo podría sentir que manejo con autonomía mi vida?
- ¿Qué podría hacer para acrecentar la confianza en mi mismo?
- ¿Cómo podría "ser brillante"?
- ¿Qué podría hacer para expresar más cabalmente lo que deseo y satisfacer mis necesidades emocionales?
- ¿Cómo podría cuidarme o cuidar de los que amo?
- ¿Qué me ayudaría a sentirme más seguro en este ámbito o proyecto?
- ¿Cómo podría enriquecer mi vida, aumentar mi confianza y mi bienestar?
- ¿Qué relaciones son importantes para mí?
- ¿Qué nuevas clases de relaciones deseo empezar y cómo podría hacerlo?

- ¿Cómo podría ampliar y profundizar mis conexiones con los demás?

- ¿Qué cualidades y conductas busco en mi compañero (a)?

Estas preguntas también pueden ser de utilidad cuando observamos, percibimos que podemos canalizar o que expresamos naturalmente una energía particular de un Ángel, en especial, que se manifiesta en forma de un sentimiento, de una intención clara o de una realización o logro positivo en nuestra vida.

En suma, con este diario podemos ampliar nuestro poder, amor y sabiduría y tener un real contacto con nuestro mundo interior para expandirnos a una conciencia total y Universal de nuestra existencia, más allá de cualquier limitación del destino.

Capítulo 11

Evalúa tu energía celestial

Cuando las capacidades de la persona
permanecen adormecidas,
el talento no se desarrolla, la mente y el espíritu se
aletargan y el corazón sufre insatisfecho.
¿Dónde está la seguridad, la guía,
la sabiduría y el poder?
Por ello, para alimentar el corazón
se necesita mucho coraje y valentía.

Mabel Iam

EVALUACIONES

¿Crees o tienes dudas de que exista una fuerza angelical que te guía y protege? Averígualo aquí y ahora. ¿Crees que luego de haber leído las páginas de este libro has asimilado todas las experiencias? ¿Podrás realizar la invocación y el programa práctico que cada capítulo presenta para tu crecimiento espiritual?

Los Ángeles son arquetipos que habitan en nuestro interior, y simbolizan la parte más pura del amor, el poder, la sabiduría: ellos están conectados con la esencia de nuestro espíritu. Ahora es el momento de seguir evaluando hasta dónde deseas estar conectado con tu Ángel, y brindarte la oportunidad de encontrarlo en tu vida. En este capítulo encontrarás dos tests para auto-evaluar tu contacto Angélico.

Marca con una cruz la respuesta elegida en cada ítem. Al final del libro, luego del glosario, tienes la tabla para sacar el puntaje obtenido.

TEST: ¿TE SIENTES PROTEGIDO POR TU ÁNGEL GUARDIÁN?

1. Los Ángeles son seres guardianes que existen y nos guían en cada situación ¿Qué es lo que tú crees?

    a. Si

    b. No

    c. Puede ser

    d. Son historias infantiles

2. ¿Alguna vez has soñado o visualizado alguna forma de Ángeles guardianes?

    a. Si

    b. No

    c. Puede ser

    d. Una vez me sentí protegido en un sueño

    e. No recuerdo

3. Cuando te sientes desprotegido o confundido por alguna situación que tú no puedes manejar racionalmente, ¿qué haces o qué solución buscas?

    a. Invoco algún pensamiento positivo

    b. Rezo alguna oración religiosa

    c. Pienso que todo se compondrá en algún momento

    d. No tengo esperanza en nada que no pueda controlar

4. Cuando las personas se acercan a ti es porque provocas ¿qué tipo de sentimiento?

    a. Amor

    b. Poder

    c. Dominio

    d. Protección

5. ¿Qué acto realizas durante el día para favorecer tu entusiasmo y expandir tu trabajo?

    a. Me sumerjo en cada cosa

    b. Me concentro demasiado

    c. Confío en que todo tiene que salir bien

    d. Mientras suceden las cosas, pongo todo mi entusiasmo

6. Si tienes que realizar una lista de cómo necesitas que la gente se comporte en relación a ti ¿cuál de estas palabras eliges en primer término?

    a. Confianza

    b. Interés

    c. Sorpresa

    d. Euforia

7. ¿Piensas que existen misterios en cada acción que realizas más allá de tu real percepción?

    a. Creo que hay algo desconocido que sustenta todas las cosas

    b. No creo en nada que yo no comprenda

    c. Todo es posible

    d. No me preocupa

8. ¿De dónde crees que surgen los conocimientos cuando no tienes respuestas en una situación límite?

    a. Creo que lo sabía, y no lo recordaba

    b. De mi propio inconsciente

    c. De mi propia fuente interna

    d. De los Ángeles

9. ¿Sabes la razón o el por qué te has sentido protegido y comprendido en un instante de profunda confusión o desilusión?

    a. Porque tengo una capacidad especial

    b. Porque confío en la providencia

    c. Porque creo en mis recursos internos

    d. Porque todo me sale bien

10. ¿Cómo y de dónde piensas que apareció ese amigo o persona para ayudarte en ese momento tan complicado?

    a. Por casualidad

    b. Porque lo llamé telepáticamente

    c. Porque tuvo que verme

    d. Porque alguna fuerza de mi interior atrajo su presencia

    e. Porque esa persona sabía que lo necesitaba

11. ¿Has sentido alguna vez un sentimiento de devoción o admiración por la creación, la divinidad o el Universo cuando experimentaste determinada situación?

    a. Si, realmente me sentí conectado

    b. No me emociono con algo que no entiendo

    c. Me ha sucedido en situaciones especiales

    d. La devoción hacia el Universo es algo natural

12. ¿Has experimentado alguna terrible desilusión y por algún motivo
    que desconoces, cambiaste tu estado de ánimo o comenzaste a ver
    todo más claro y positivo?

    a. Nunca tuve esa experiencia

    b. No me decepciono con facilidad

    c. Sí, me he sentido una vez extrañamente protegido

    d. Sí, a parte de mi humor, cambió la temperatura de mi cuerpo

RESULTADO

Resuelve tu puntaje con la tabla que aparece al final del libro.

0 a 4 puntos

Por alguna razón inexplicable para ti has hecho este test, y has llegado a
poseer este libro en tus manos. Y lo has realizado a pesar de que posees
grandes dudas acerca de la existencia del Ángel en tu interior. Recuerda
todos los momentos en que has planteado preguntas, a ti mismo, y fueron contestadas con una confianza espiritual que surgió de repente, sin
explicación ni lógica.

Trata de aumentar tu energía interior encontrando algo que te interese
profundamente y dedícate a ese tema aunque sea a tiempo parcial, preferiblemente en compañía de personas de intensidad igual o mayor a la tuya. Esto puede abrirte fuentes insospechadas de vitalidad y creatividad.

Consejo

No dudes en entregarle al Ángel de la guarda tus sombras e indecisiones.
Sentirás tu alma totalmente plena y liberada. Es aconsejable para ti que realices alguna de las técnicas de meditación explicadas en otros capítulos de
este libro, especialmente la técnica de dar a luz. Porque existe alguna fuerza espiritual en tu interior que está clamando por crecer y evolucionar.

5 a 8 puntos

Tienes una percepción por momentos muy acertada de que existen experiencias que trascienden nuestra mente y personalidad. Has tenido vivencias
que recuerdas muy gratamente pero no has ahondado suficientemente en
ellas. Tienes una gran necesidad de creer en ti mismo, y por momentos logras conocer con gran intuición tus potenciales espirituales.

Consejo

Para desarrollar un mayor conocimiento de ti mismo es importante que trates de ser más constante en el camino del desarrollo de tu interior. Tú anhelas paz y sabiduría infinita, y la puedes lograr porque tu corazón está dispuesto. Sólo tienes que entrenar tu mente y liberar los pensamientos que te dispersan de tu real Ser angelical. Todas las técnicas aquí presentadas —desde la repetición de tu nombre hasta las visualizaciones— tienen ese objetivo.

Visualiza el Ángel de los sueños y busca un objetivo que deseas desde siempre para realizar. Trabaja con las zonas de los objetivos que describe el capítulo anterior.

9 puntos en adelante

Tú posees muchas capacidades y te destacas en todas las situaciones. Posees talentos para aprender diferentes temas al mismo tiempo, porque encuentras la felicidad en el cambio. Eres muy afortunado. Te sientes protegido por la presencia de los Ángeles en tu vida. Puedes intuir perfectamente la sincronía total del Universo y nutrirte con experiencias para tu permanente evolución. Tienes una percepción muy clara de cómo se conectan entre sí el mundo interno con respecto al mundo externo. Valoras la presencia de la energía pura que fluye dentro de cada ser de la creación.

Gracias a los Ángeles y su fiel compañía puedes irradiar amor y comprensión a todos los que te rodean.

Consejo

No te detengas, sigue creciendo, ya eres un Ser celestial.

TEST: ¿CUÁL ES LA FUERZA ANGELICAL QUE NECESITAS INVOCAR?

Después de hacer el primer test, ya sabes si estás preparado para seguir el camino de tu crecimiento espiritual.

Con este nuevo test descubrirás claves muy específicas para invocar a los Seres de Luz. Está especialmente diseñado para cuando necesites llamar a un determinado Ángel para que te asista en una situación concreta.

1. El trabajo es algo muy serio para ti y el fracaso afecta mucho tu vida, hasta el punto de no recuperarte por un largo tiempo.
   a. Verdad
   b. A veces
   c. Falso

2. Sufres en silencio si no ocurre algo mágico en tu vida que te arrastre al amor o a algún tipo de pasión desbordante.
   a. Verdad
   b. A veces
   c. Falso

3. Te consideras una persona con carisma especial, ya que por lo general atraes la atención en las reuniones sobre las demás personas.
   a. Verdad
   b. A veces
   c. Falso

4. Eres un ser que se obsesiona por una persona y la idealiza totalmente.
   a. Verdad
   b. A veces
   c. Falso

5. Confías plenamente en tu magnetismo profundo, a pesar de cualquier situación.
   a. Verdad
   b. A veces
   c. Falso

6. Te atraen las personas autoritarias y de fuerte carácter.

   a. Verdad

   b. A veces

   c. Falso

7. Sufres por el temor o inhibición de acercarte a tu ser amado.

   a. Verdad

   b. A veces

   c. Falso

8. Tienes una sensibilidad artística y poética, y captas las cosas con un sexto sentido.

   a. Verdad

   b. A veces

   c. Falso

9. Tienes ideas innovadoras, profundas, rebeldes, creativas, transgresoras. Con la mirada puesta en algún lugar mucho más allá de este mundo.

   a. Verdad

   b. A veces

   c. Falso

10. Por lo general eres incomprendido por las personas que te rodean.

   a. Verdad

   b. A veces

   c. Falso

11. Tu vida es una es sucesión de emocionantes sucesos. Transmites una sensación de intensidad a todo tu alrededor y siempre estás planeando la siguiente gran aventura.

   a. Verdad

   b. A veces

   c. Falso

12. Tienes un aire de impenetrable misterio como las personas que viven en paz y serena alegría interior.

    a. Verdad

    b. A veces

    c. Falso

13. Sufres de ataques de rabia, sin motivo. Explotas de furia por temas que no son importantes.

    a. Verdad

    b. A veces

    c. Falso

14. Falta de metas. Sientes incertidumbre por desconocer la misión en la vida. Te sientes víctima del destino.

    a. Verdad

    b. A veces

    c. Falso

Resultado

Si has obtenido mayoría de "falsos":
La imaginación creativa está latente en cada acto que realizas en tu vida. El acercamiento al pensamiento tiende a ser positivo, sin embargo, depende de forma muy intensa de los acontecimientos externos. Todo lo que sucede en el exterior puede cambiar tus metas. Estás demasiado alerta a los demás y poco a tu propio conocimiento interno. Posiblemente has vivido dolorosos y confusos acontecimientos que marcaron tu personalidad desde la infancia.

Consejo

La consigna es: Trabaja con tu interior para trasformar lo siguiente:

- Aprender a reconocer tus deseos.
- Pensar que tus sueños se pueden hacer realidad.
- Confiar en tu persona más allá de las situaciones externas.

Para mejorar tus recursos personales puedes invocar al Ángel de la voluntad y te dará energía física, emocional y espiritual para realizar todas tus tareas e iniciar relaciones más propicias.

También es importante que invoques al Ángel de la libertad porque la presencia del Ángel genera un campo positivo y te brindará alegría y ganas de vivir.

Si has obtenido mayoría de "a veces":

Tú sientes un profundo honor por tus habilidades y deseas ser reconocido por los demás. Buscas permanentemente oportunidades para desplegar tu fuerza y capacidad de crear y en general lo alcanzas. Pero tienes una sospecha o desconfianza por momentos determinista: que existe algo desconocido que puede aparecer de pronto y cambiar en forma extrema toda tu vida, para bien o para mal. Este presentimiento a veces te atormenta.

Trata de ahondar y escuchar los dictados de tu corazón, éste nunca te engañará. Tiendes a utilizar tu mente racional y colocar las razones por encima de tus sentimientos. Este es un mecanismo que te hace sentir bien, pero por poco tiempo. Te acomodas a las situaciones que la vida te presenta, sin primero preguntarte cuál es tu Ser Real.

Consejo

Tienes temor a ser rechazado o a no triunfar en la vida. Por ello, la consigna es: visualizar el Ángel de éxito. Su presencia provoca plenitud, satisfacción, una sensación de seguridad y protección interior. Este Ángel te asistirá en cada situación en que sientas inseguridad, o que necesites una verdadera inspiración en cualquier área de tu vida.

Si has obtenido mayoría de "verdad":

Conoces las leyes naturales y por encima de todo, confías y apuestas por ti. Sabes que el Universo es un caudal rico de oportunidades que te está esperando siempre. Eres consciente de todo lo que un ser humano necesita para convertir el planeta en un mundo mejor.

Tu capacidad para ser original e intuitivo te marca un talento especial para manejar todas las situaciones que se presentan. En tu deseo de manejar los temas importantes o primordiales de la vida puedes llegar a donde te propones, pero puedes dejar de lado a hechos o personas en el camino por cumplir tu destino.

Bienvenido, manejas tu vida y tu destino como por arte de magia como un verdadero Ser celestial. Felicitaciones.

Capítulo 12

LOS ÁNGELES Y EL ZODIACO

"Las estrellas, aunque parecen inmutables, no lo son.
Son organismos vivos como nosotros.
También nosotros somos astros si aprendemos
a irradiar nuestra luz mientras caminamos por la Tierra,
reflejando nuestro cielo interior,
desde nuestro corazón de Luz".

Mabel Iam

Mi historia personal y la astrología

Desde muy niña sentí pasión por el mundo espiritual y sus diferentes formas de expresión como la astrología esotérica. A los doce años de edad comencé a leer mitología Griega y Romana con entrega y devoción. A los catorce años ya había descubierto la mayor parte de las filosofías esotéricas.

Luego, cuando completé mi formación en psicología, comencé a asociar todo mis conocimientos y experiencias de vida, comprendí que cada individuo tiene dentro de su psique personal una mitología que coincide notablemente con la mitología universal. Este paralelismo entre la mitología universal y la individual nos puede ayudar a reorganizar el propio argumento interior y trasformar nuestro destino en su totalidad.

La astrología es un buen vehículo para lograr una perspectiva mejor de nosotros mismos. Nos permite observar sin prejuicios cuál es el mecanismo que provoca el maltrato o el amor que recibimos, cuál es el mecanismo oscuro que nos da infelicidad o cuál es el aspecto astrológico que nos brinda alegría y abundancia.

Los signos astrológicos simbolizan los rasgos que identifican el temperamento de una persona diferenciándola de las demás. El signo señala un patrón de pautas energéticas que cada persona experimenta según el signo que le corresponda. Y, ese patrón, actúa en la vida diaria de cada persona: en lo emocional, en lo mental y lo físico.

Una persona consciente de sí misma, puede comprender su destino y cambiarlo. Porque los acontecimientos exteriores son situaciones que por nuestra energía específica atraemos hacia nosotros o alejamos. Y esto crea conflictos con nosotros mismos o con otras personas con sus necesidades y actitudes positivas o negativas.

Los planetas que rigen los signos son personajes o arquetipos. Antiguamente, eran los dioses que personificaban las más grandes historias.

El proceso de percibir desde nuestro interior estos personajes es la clave para expandir el nivel de nuestra conciencia, ser más partícipes y protagonistas de nuestra existencia y destino.

Las cualidades y funciones de cada signo

Cada signo posee cualidades y potencialidades, y cada uno cumple ciertas funciones dentro del contexto total del sistema solar. Además, cada signo posee cualidades energéticas específicas que rigen el cuerpo, las emociones la mente y el alma.

En cada Ángel esos dones se destacan como energías con poderes superiores. En algunos casos las características del Ángel ayudan a equilibrar la polaridad negativa del signo que le pertenece, en otros casos refuerzan la positiva. Lo más importante es poder canalizar la energía de luz de los Seres celestiales y comprender, cuando los invocamos, la magia, la armonía y el poder que vive en nosotros para ayudarnos a cambiar nuestro destino, transformando y creando un mundo parecido al reino de los cielos.

A nivel energético, cada Ángel cumple una función de servicio permanente. Iluminando el camino de nuestra evolución, nos integra con el resto de la creación como seres de luz que somos.

El lector encontrará una descripción para orientar la visualización del Ángel que le corresponde a cada signo. De este modo se sintoniza la energía correcta para entrar en el canal de vibración de cada signo y ponerse en contacto con la armonía universal. La descripción es una guía para confiar y reconocer al Ángel que estamos invocando. Y las afirmaciones que se ofrecen en este capítulo están pensadas para mejorar las relaciones en tu vida, y en ese estado glorioso todos los sueños se logran y materializan. La forma de utilizarlas se describe en el capítulo 2.

Los signos zodiacales y sus funciones

ARIES: Nacidos entre el 20 de marzo al 20 de abril

Busca la acción, nadie puede detenerte. Tu franqueza, iniciativa y claridad te convierte en un líder en todas las metas que te propones. Pareces fuerte e invulnerable, pero tu naturaleza es pura e inocente.

Función cósmica: La iniciativa

Elemento: Fuego

Calidad: Cardinal (activo)

Polaridad: Yang

Regente: Marte

Frase clave: Yo soy

Símbolo: La cabeza y los cuernos del carnero

Anatomía: Cabeza, cara, oído

Animal: Carnero, oveja, ternero

Mitos / leyendas: Jasón y el Vellocino de Oro, Palas Atenea

Signo opuesto y complementario: Libra

Su lado luminoso: Seguro de sí mismo, dinámico, innovador, valiente, incisivo, exuberante, inspirado, asertivo, intrépido, independiente

Su lado oscuro: Descuidado, beligerante, impulsivo, torpe, abusivo, destructivo, infantil, irreflexivo, impaciente, tirano

Ángel protector correspondiente a este signo: El Ángel de la creación

El Ángel de la creación

Cuando entramos en contacto con este Ángel, su acción permite liberar la mente de presiones que impiden ver con la claridad de la luz las soluciones reales de un problema.

Ofrece mayor lucidez en nuestras acciones. Ayuda a concentrar fuerzas protectoras pasivas y activas en todo su entorno. Abre la intuición porque ayuda a percibir intuitivamente cuál será el próximo cambio en nuestra vida. Permite aflorar lo original en nuestra conciencia para que podamos lograr una evolución mucho más rápida en nuestro ser interior.

El Ángel de la creación dirige las energías sin interferencia, para eliminar los traumas de las experiencias pasadas, que a veces pueden causarnos temores y ansiedades.

Afirmación

Yo soy el amor que no tiene límites.

TAURO: Nacidos entre el 20 de abril al 21 de mayo
Eres práctico, tienes recursos y resultados eficaces en todo lo que emprendes. El amor y la seguridad son tus propósitos. Encontrarás en tu noble corazón las llaves de todo lo que anhelas.

Función cósmica: La estabilidad

Elemento: Tierra

Calidad: Fijo (receptivo)

Polaridad: Ying

Regente: Venus

Frase clave: Yo tengo

Símbolo: La cabeza del toro

Anatomía: Cuello, garganta y ojos

Animal: Toro, vaca, buey

Mitos / leyendas: Europa, el toro de Minos y el laberinto de Creta

Signo opuesto y complementario: Escorpión

Su lado luminoso: Realista, persistente, estable, paciente, próspero, confiable, cariñoso, artístico, leal, relajado

Su lado oscuro: Materialista, posesivo, obstinado, testarudo, letárgico, celoso, auto-indulgente, resentido, avaro, inflexible

Ángel protector correspondiente a este signo: El Ángel de la tenacidad

El Ángel de la tenacidad

Invocando al Ángel de la tenacidad sentirás fe, aceptación, resistencia. Él se relaciona con el núcleo interior de todo nuestro ser. Te permite obtener un claro sentido de tu vocación. Por lo tanto, te ayuda a conocer tus objetivos, tu meta. Gracias a su invocación te sentirás más persistente y decidido.

Su contacto brinda estabilidad a tus relaciones que, a veces, tienen que resistir y reconstruirse a causa de las fluctuaciones internas y externas de La vida cotidiana. Brinda un tiempo de quietud, para sintonizar con nuestro centro y despejar de nosotros los escombros de cada día. Permite que nuestros sentimientos sigan su propio curso y den forma a nuestra inspiración.

Afirmación

Yo soy el amor que se entrega con devoción a la vida.

GÉMINIS: Nacidos entre el 21 de mayo al 21 de junio
Vives observando y eres curioso por los sucesos del mundo que te rodea. Relacionas las circunstancias del presente o del porvenir. Buscas en la realidad excesivamente la lógica y la razón. Sin embargo, en tu corazón anhelas la paz de tu mente.

Función cósmica: Las posibilidades

Elemento: Aire

Calidad: Mutable (flexible)

Polaridad: Yang

Regente: Mercurio

Frase clave: Yo comunico

Símbolo: Los pilares de la dualidad

Anatomía: Brazos, pulmones, nariz

Animal: Mono, loro, mariposa

Mitos / leyendas: Cástor y Pólux, Elena y Clitemnestra

Signo opuesto y complementario: Sagitario

Su lado luminoso: Habilidoso, rápido, multifacético, ingenioso, informado, adaptable, racional, comunicativo, juvenil

Su lado oscuro: Inestable, chismoso, distante, engañoso, frívolo, desconcentrado, nervioso, tenso, inconsistente, superficial

Ángel protector correspondiente a este signo: El Ángel mensajero

El Ángel mensajero

El Ángel puede aparecer como energía de colores en una combinación de blanco, azul y dorado. Tiene una fuerza impresionante. Nos brinda un entusiasmo increíble. Con su ayuda nos sentimos preparados para una nueva aventura cada día. Nos ayuda a modificar el contexto de nuestra vida y da lugar a nuevas y diferentes experiencias.

La función del Ángel es abrir los canales para una mejor y mayor comunicación con lo trascendente. Brinda energía y seguridad. Aparta entidades negativas del plano astral personal.

Al invocarlo, experimentarás una alta iluminación espiritual. Es indicado para personas que deseen estar en contacto físico o mental con el mundo espiritual. Es el que transmite a cada reino lo que el otro genera. Es comunicador de la información de los reinos Angélicos.

Brinda la capacidad de escuchar a los demás y otorga el don de la reconciliación y también, la habilidad de vivir de tal manera que nadie encuentre algo para criticar en tu vida.

Afirmación

Yo soy el amor que sigue el camino del corazón.

CÁNCER: Nacidos entre el 21 junio al 23 de julio
Buscas y das protección como fuente de amor. Tu bendices a los que te aman y respetan. Eres sensible hasta lo susceptible, pasivo y cariñoso. Tus sentimientos siempre se realizan en plenitud.

Función cósmica: La sensibilidad

Elemento: Agua

Calidad: Cardinal (activo)

Polaridad: Ying

Regente planetario: Luna

Frase clave: Yo siento

Símbolo: Las pinzas del cangrejo

Anatomía: Boca, estómago, glándulas mamarias

Animal: Cangrejo, tortuga, canguro

Mitos / leyendas: El Cangrejo, Hércules y la Hidra

Signo opuesto y complementario: Capricornio

Su lado luminoso: Tierno, devoto, sentimental, protector, sensible, tenaz, cuidadoso, intuitivo, magnético, maternal y paternal

Su lado oscuro: Asfixiante, defensivo, inseguro, temperamental, manipulador, desconfiado, ansioso, aislado, vengativo, susceptible

El Ángel protector correspondiente a este signo: El Ángel de la plenitud

El Ángel de la plenitud

El Ángel de la plenitud tiene una energía radiante. El color de su luz es rosa brillante, con reflejo de todos los colores del arco iris.

Al Ángel se lo puede invocar para renovar la belleza y recomponer la salud. Su calor nos provoca una intensa circulación de la sangre, acelerando los procesos vitales para sentirnos mejor. Con su contacto permanente podemos desarrollar el conocimiento y establecer mayor conciencia en las experiencias que vivimos. En cada acto de nuestras vidas comenzamos a sentir una natural orientación y un progreso espiritual.

Este Ángel permite restablecer la armonía física natural y progresivamente libera tensiones, aplaca el estado agresivo y permite entender profundamente la verdad, más allá de la injusticia humana. Brinda paz espiritual.

Afirmación

Yo soy amor para dar y recibir.

LEO: Nacidos entre el 23 de julio y el 23 de Agosto

Posees un espíritu creativo del niño al que nunca renunciaste. Buscas reafirmar en la vida tu identidad, y no percibes que todos los seres somos únicos y distintos. Domínate a ti mismo y lograrás todo lo que anhelas.

Función cósmica: La creatividad

Elemento: Fuego

Calidad: Fijo (receptivo)

Polaridad: Yang

Regente planetario: Sol

Frase clave: Yo ilumino

Símbolo: La cola del león

Anatomía: Corazón, pecho

Animal: León, pavo real, gallo

Mitos / leyendas: Apolo, Hércules y el León de Nemea

Signo opuesto y complementario: Acuario

Su lado luminoso: Leal, creativo, distinguido, sensible, valiente, alegre honorable, amable, dinámico, generoso

Su lado oscuro: Egocéntrico, arrogante, dominante, pomposo, egoísta, insolente, ostentoso, intolerante, condescendiente, dogmático

Ángel protector correspondiente a este signo: Ángel del poder

El Ángel del poder

El Ángel ilumina para tomar decisiones precisas, especialmente si se trata de mentes confundidas. El liderazgo para guiar a los demás a evolucionar es otra característica que el Ángel nos brinda. Es un maestro que nos enseña con su dulce melodía. Podemos acceder a sus clases magistrales a través de su invocación por distintos medios.

Si tenemos proyectos que no podemos realizar, el Ángel nos brinda el modo de hacerlo. También, estimula la audacia para arriesgarse en situaciones ambiguas. Nos ayuda a librar y manejar las crisis que pueden surgir, sin rendirnos ni abatirnos. La presencia del Ángel termina con la confusión y genera siempre nuevas vías de satisfacción a través del ser interior.

Afirmación

Yo soy el poder en acción del amor.

VIRGO: Nacidos entre el 23 de agosto al 23 de septiembre

Crees que todo debe ser perfecto. Ese es tu ideal y naturaleza. Con tu gentileza y ánimo de servicio puedes conquistar tu verdadero lugar y destino. Buscas hasta en el detalle la unidad de la vida.

Función cósmica: La productividad

Elemento: Tierra

Calidad: Mutable (flexible)

Polaridad: Ying

Regente: Mercurio

Frase clave: Yo perfecciono

Símbolo: La espiga de trigo

Anatomía: Intestinos, piel

Animal: Conejo, hormiga, abeja

Mitos / leyendas: La Virgen, Astraea, Merlín

Signo opuesto y complementario: Piscis

Su lado luminoso: Metódico, práctico, servicial, consciente, humilde, eficiente, meticuloso, modesto, trabajador, perfeccionista

Su lado oscuro: Escéptico, nervioso, superficial, tedioso, intolerante, hipocondríaco, hipercrítico, cobarde, brusco

El Ángel protector correspondiente a este signo: El Ángel de la curación

El Ángel de la curación

El Ángel tiene brazos muy fuertes, pero invisibles. Con su invocación te encuentras protegido como en una gran fortaleza invisible, y la percibes y sientes la seguridad de su refugio. El Ángel es como el príncipe guardián de un castillo de luz, donde siempre te sientes cuidado y protegido.

El Ángel te permite conocer las profundidades de tu alma para ayudarte a curar tus zonas más heridas u ocultas y convertirlas en luz. Puedes invocarlo, también, para que te ayude a descifrar tus mayores anhelos que, a veces, por condicionamientos externos a tu naturaleza interior, te alejan del camino para convertir tus sueños en realidad.

La curación es el proceso de descubrir cuáles son nuestras debilidades y las fortalezas que tenemos para contrarrestarlas. El Ángel, con su dulzura, nos ayuda a descubrirlas.

Afirmación

Yo soy el amor que construye todos mis pensamientos.

LIBRA: Nacidos entre el 23 de septiembre al 23 de octubre
Eres un buscador de la justicia, pero a veces no eres justo porque te olvidas de ti mismo, dando amor a los demás. La serenidad y paz son tus metas. Tu propósito, la unión en libertad de todos los Seres humanos.

Función cósmica: La mediación

Elemento: Aire

Calidad: Cardinal (activo)

Polaridad: Yang

Regente planetario: Venus

Frase clave: Nosotros nos complementamos

Símbolo: La balanza, el ocaso del sol

Anatomía: Riñones, colon, vesícula

Animal: Paloma, aves cantoras

Mitos / leyendas: La balanza: Thoth y Maat, Anubis, Hermes

Signo opuesto y complementario: Aries

Su lado luminoso: Sociable, amable, refinado, imparcial, lógico, considerado, artístico, diplomático, civilizado, pacífico

Su lado oscuro: Indeciso, hipócrita, desconsiderado, pretencioso, vanidoso, influenciable, enamoradizo, distante, peleador, indolente

Ángel protector correspondiente a este signo: el Ángel del amor

EL Ángel del amor

La presencia del Ángel del amor es maravillosa, pues la sensación que provoca es la de estar cubierto y protegido por pétalos de rosas. Su energía irradia un verde esmeralda brillante, que es el color de la curación y de la intuición. Su voz es de suave melodía y armoniosa, y repara con amor infinito todo lo que necesitamos, aun aquello que no percibimos conscientemente.

El Ángel del amor te da más receptividad y sensibilidad ante las necesidades de los demás. También, brinda empatía con todo el mundo. Comienzas a percibir en ti mismo ciertas actitudes que son conductas maternales para autoprotegerte, ayudando también a los demás. Comienzas a tener la capacidad de recibir el alimento perfecto que nutre en todos los planos: el material, el emocional, el mental y el espiritual. Equilibra tu acción de dar y recibir. Te permite formar estrechas relaciones sin sacrificar tu independencia. (Ver capítulo 4)

Afirmación

Yo soy la armonía en acción.

ESCORPIO: Nacidos entre el 23 de octubre al 22 de noviembre
Con intensidad y pasión te mueves por el mundo. Profundizas con intuición y claridad cada pensamiento. La verdad es tu única amada meta. Eres como la luz del sol en una noche sin estrellas.

Función cósmica: La renovación

Elemento: Agua

Calidad: Fijo (receptivo)

Polaridad: Ying

Regente: Marte y Plutón

Frase clave: Yo deseo

Símbolo: La cola del escorpión

Anatomía: Genitales, vejiga, colon

Animal: Escorpión, reptiles, camaleón

Mitos / leyendas: El hombre escorpión, el ave Fénix

Signo opuesto y complementario: Tauro

Su lado luminoso: Apasionado, intenso, erótico, capaz, psíquico, leal, curioso, magnético, cauteloso, misterioso

Su lado oscuro: Auto-destructivo, vengativo, extremista, reprimido, obsesivo, desconfiado, dictatorial, resentido, manipulador, celoso

El Ángel protector de este signo: el Ángel de la transformación

El Ángel de la transformación

El Ángel tiene como función limpiar, purificar y remover del plano astral personal toda energía negativa, ya sea propia, del medio, de otras personas, de influencias negativas de objetos o de trabajos. Su conexión nos permite tener paciencia y sabiduría para afrontar obstáculos y vencerlos.

También, nos otorga bases sólidas para concretar proyectos. Ayuda a superar bloqueos internos y externos, a ser cautos y realistas, a ser constructivos con las circunstancias que externamente parecen muy negativas y que, al iluminarlas con el Ángel, entendemos la forma de revertir. Nos recarga instantáneamente de buena energía para percibir toda la realidad como un plan diseñado con belleza por la divina creación.

En el plano laboral, genera creatividad, en especial en todo lo relacionado con las artes. El Ángel bendice y muestra el sendero tanto en la oscuridad como en la luz, ayuda a superar las limitaciones, convirtiendo la vida en bendición.

Afirmación

Yo soy el amor que puede lograr milagros.

SAGITARIO: Nacidos entre el 22 de noviembre al 22 de diciembre
Posees un carácter generoso y alegre. Indagador de filosofías antiguas o
exóticas. Tienes principios firmes pero no constantes. Tu misión es conectar diferentes almas para enseñar el lado luminoso de la vida.

Función cósmica: La visión

Elemento: Fuego

Calidad: Mutable (flexible)

Polaridad: Yang

Regente: Júpiter

Frase clave: Yo busco

Símbolo: La flecha del arquero

Anatomía: Caderas, muslos, hígado

Animal: Caballo, elefante, venado

Mitos / leyendas: El sátiro, el centauro, Quirón

Signo opuesto y complementario: Géminis

Su lado luminoso: Comprensivo, aventurero, filosófico, tolerante,
generoso, optimista, sabio, jovial, filantrópico, atlético

Su lado oscuro: Torpe, extravagante, extremista, fanático, excesivo,
condescendiente, ingenuo, prejuicioso, descuidado, irresponsable

El Ángel protector correspondiente a este signo: El Ángel de la alegría

El Ángel de la alegría

La conexión del Ángel de la alegría provoca un proceso interno de orden;
la alegría como la fuente y la meta a seguir rigen su vuelo. Nos abre los
canales internos para la expansión de la conciencia, y el registro correcto
de las ideas que se precipitan desde la mente superior, e incluso desde
los niveles de la más alta intuición.

Este Ángel es especialmente indicado para convertir ambientes fríos
en lugares agradables. También nos asiste para darles alegría a niños que
se manifiestan tristes, solos o deprimidos.

La llegada de los Ángeles fomenta siempre la risa y la dicha. Con la invocación de este Ángel, tú sientes que todas las células sonríen, como soles, danzando en forma armoniosa en nuestro interior.

Puedes visualizar al Ángel de color rosa, amarillo o celeste. Los colores pasteles son los que le corresponde a su energía, tanto como los colores más brillosos. Cuando nos canta con su entusiasmo puede levantar hasta una montaña. Puedes invocarlo para erradicar toda la tristeza de tu alma y convertir toda tu vida en una gran fiesta.

Afirmación

Yo soy la energía que le brinda alegría a mi alma.

CAPRICORNIO: Nacidos entre el 22 de diciembre al 20 de enero
Eres una persona que deseas superarte a ti mismo. Entre tus cualidades se encuentran la persistencia y la paciencia. No dudes nunca de ti mismo porque eres tu mejor padre, compañero y amigo. Tu único destino es confiar que el amor habita dentro de ti.

Función cósmica: La madurez

Elemento: Tierra

Calidad: Cardinal (activo)

Polaridad: Ying

Regente: Saturno

Frase clave: Yo asciendo

Símbolo: La cabra y la cola del dinosaurio

Anatomía: Huesos, dientes, piel

Animal: Cabra, cocodrilo, lechuza

Mitos / leyendas: El Hombre-Pez, Ea, Pan

Signo opuesto y complementario: Cáncer

Su lado luminoso: Consciente, respetuoso, paciente, disciplinado, ambicioso, responsable, frugal, prudente, cuidadoso, reservado

Su lado oscuro: Pesimista, reprimido, miedoso, rígido, controlador, avaro, melancólico, fatalista, despiadado

El Ángel protector correspondiente a este signo: El Ángel del trabajo

El Ángel del trabajo

El Ángel de trabajo nos ayuda a elaborar todas las experiencias que vivimos para que tengan un propósito y sean más permanentes. Permite expresar y cumplir el propósito de tu vida.

Podrás con su invocación hallar todo lo que estas buscando. El contacto del Ángel nos provoca mayor placer por el trabajo, mayor empeño y tenacidad. Nos ayuda a realizar y concretar los planes futuros. Ayuda a concentrar mejor a las personas que estudian y además lograr nuevas posibilidades en todos los campos de tu interés.

Con su presencia el Ángel asiste a nuestras posibilidades y potenciales, para tener una coherencia perfecta entre los deseos y las acciones que realizamos y también para concretar nuestra realidad con éxito, en todos los niveles de nuestra vida. Invocando al Ángel se recicla la energía casi milagrosamente renovando con fuerza, entusiasmo, confianza y apertura mental. La conexión con el Ángel nos abre a la verdad.

Afirmación

Yo soy el trabajo que da amor a todos los seres.

ACUARIO: Nacidos entre el 20 de enero al 18 de febrero
Eres el amigo permanente. Amante de la libertad. Buscas la verdad trascendiendo del Universo. Eres como las estrellas del cielo que sólo brillan cuando ven a las otras irradiar. Tu luz es la visión de la humanidad.

Función cósmica: La libertad

Elemento: Aire

Calidad: Fijo (receptivo)

Polaridad: Yang

Regente: Saturno y Urano

Frase clave: Yo sé

Símbolo: Las ondas de la energía eléctrica y vibracional

Anatomía: Pantorrillas, tobillos, circulación

Animal: Águila, pavo real

Mitos / leyendas: El Aguador, Ea, Hapi, Enkidu, Prometeo

Signo opuesto y complementario: Leo

Su lado luminoso: Amistoso, humanitario, libertario, independiente original, científico, intelectual, futurista, objetivo, idealista

Su lado oscuro: Aislado, impredecible, contradictorio, frío, inhibido, tenso, subversivo, excéntrico, desconcentrado, intransigente

El Ángel protector correspondiente a este signo: El Ángel de la libertad

El Ángel de la libertad

El Ángel de la libertad nos permite reconocer nuevas oportunidades en todos los niveles. Nos ayuda a superar obstáculos, a perder el miedo a las relaciones. Nos enseña a atrevernos y realizar todo lo que deseamos. Nos ayuda a creer más en los demás y en nosotros mismos. Nos permite con su contacto confiar en que podemos corregir nuestros errores a través de las nuevas oportunidades de la vida.

La conexión con el Ángel es un proceso de armonización con la energía interna que nos pone en contacto con nuestra conciencia, permitiendo el registro correcto de las ideas que se precipitan desde la mente superior, o incluso desde los niveles de la intuición más elevada de nuestro ser interior.

El Ángel de la libertad nos conduce al mundo mágico de lo desconocido, para leer del inconsciente colectivo toda la información.

Afirmación

Yo soy el amor que se alimenta con libertad.

PISCIS: Nacidos entre el 18 de febrero al 20 de marzo
Eres un soñador. Fluyes por la vida entregándote a todos sin medida. A veces pareces eludir y escapar del dolor. Lo que no sabes, Piscis, es que percibes la totalidad de la existencia y a veces te haces cargo del dolor ajeno. Encuentra la paz cundo comprendes que tu esencia es la compasión.

Función cósmica: La conexión divina

Elemento: Agua

Calidad: Mutable (flexible)

Polaridad: Ying

Regente: Júpiter y Neptuno

Frase clave: Yo imagino

Símbolo: Dos peces unidos por un cordón de plata, nadando en direcciones opuestas

Anatomía: Pies, sistemas linfático e inmunológico

Animal: Delfín, ballena, peces

Mitos /leyendas: Los peces, Venus y Cupido, Tifón

Signo opuesto y complementario: Virgo

Su lado luminoso: Visionario, compasivo, poético, generoso, tierno, impresionable, imaginativo, místico, sensible, intuitivo

Su lado oscuro: Susceptible, confuso, falto de voluntad, escapista, masoquista, adicto, dependiente, inconsciente, iluso, perdido

El Ángel protector correspondiente a este signo: El Ángel de los sueños

EL Ángel de los sueños

El Ángel de los sueños crea pensamientos inofensivos y armoniosos. Nos permite sentir amor hacia todos los seres, manteniendo el corazón libre de cargas negativas. Percibir toda la realidad como un plan diseñado con belleza por la divina creación.

Genera creatividad en el plano laboral, en especial en todo lo relacionado con las artes y las actividades estéticas. El Ángel de los sueños se encarga de ayudarnos a convertir nuestras imágenes de todos los días, en realidades para aprender a conocernos mejor. Es un gran director de creaciones. Es también un Ángel muy curioso, le gusta saber y conocer los secretos de la persona que lo invoca, para ayudarlo en forma más eficaz, como un compañero perfecto.

Afirmación

Yo soy la vida en realización del amor.

Capítulo 13

Cuento de ángeles

De niños, nuestros padres, abuelos o maestros nos contaban maravillosas historias de hadas. Solamente los niños que están recién venidos de la Creación Divina pueden entender esas historias. Si nosotros nos conectamos con nuestro verdadero origen, con los poderes que tenemos, en esencia, podemos ver y reconocer a los espíritus de la Luz que viven en la naturaleza de todo Ser. En la medida que percibimos la presencia de ellos comenzarán a contarnos su historia que, sin duda, siempre es referida a la nuestra.

Mabel Iam

La historia más tierna para el final

Esta historia la canalicé como muchas melodías, colores que no son muy conocidos, ni tampoco tienen nombres definidos. Junto a otras distintas sensaciones que experimenté en mis contactos angelicales, que no puedo describir, porque se originan y desaparecen, no se repiten, y tampoco se pueden codificar con términos demasiados cotidianos en algún idioma humano. A estos sentimientos a veces logro darles forma para poder expresarlos, y ésta es la manera en que siento que soy "una verdadera persona". Un día aprendí que la palabra "persona": significa "por donde pasa o atraviesa el sonido". Ser una persona angelical, entonces, es decodificar ese sonido. Estas multicoloridas y espirituales enseñanzas de mis fieles maestros y compañeros inseparables, los Ángeles, desde que tengo memoria, me han rodeado y protegido con su amor.

Un día, sin buscarlo, con su velocidad intensa y transparente el Ángel de los mensajes se me acercó susurrando:

Alégrate, amiga mía, afirmó —todos los seres humanos están experimentando las enseñanzas de la Tierra como las del cielo. Cada ser viviente, estará buscando lo mismo y todos serán una única luz. Tu ahora, como todos los seres humanos, eres el puente entre lo creado en la Tierra y de todo aquello que todavía no ha sido manifestado por la energía celestial—.

El Ángel continuaba dando y compartiendo conmigo sus mensajes con la seguridad y la inocencia que sólo un ser celestial puede expresar.

—Por el milagro de la comunicación entre la divinidad y la tierra, el hombre está construyendo puentes en todos los planos de la vida, por ello, ya no existe separación entre Ángeles y seres humanos.

El Ángel parecía una lluvia de prodigiosos conocimientos, un fluir de pétalos de flores revelando cada palabra con la sabiduría de la energía que le da forma a aquello que tiene un lenguaje puro, porque posee el origen eterno, pero siempre renovado, de la divinidad. Como una canción maravillosa con sonidos que no se pueden escuchar con oídos humanos, porque son susurros celestiales que acarician el alma de aquel que tiene suficientemente abierto el corazón, con ese espíritu de un cantor que viene del cielo, sin detenerse, seguía su cuento el Ángel:

Hay una historia que debes saber porque puede ser la tuya: había una mujer que pensaba y estaba focalizada siempre en su misión y vivía expresando, anhelando y deseando conectarse con nosotros, los Ángeles.

Un día ella decidió reunir al Ángel del amor, al de la sabiduría, al de la amistad y al Ángel de la libertad. Esta mujer anhelaba con toda su alma el conocimiento del Universo para compartirlo con todos sus hermanos y poder darle alegría y luz a todos los rincones del planeta, sin diferencias, ella aseguraba que el amor rige toda ley Universal.

Ella había transitado lo suficiente con su espíritu, para saber valorar e interesarse por las respuestas divinas, que eran sus propias preguntas y su propósito.

Cuando logró tener a todos los Ángeles reunidos les preguntó:

Mis queridos amigos, inseparables compañeros quiero saber Si mi propósito es dar amor desinteresado. Sí, así deseo realizarlo: ¿cómo puedo llegar a todos los seres humanos con amor, sabiduría y poder y ayudar a todos? Porque me siento agradecida con la vida. Porque poseo el don de participar de la amistad y protección pura que ustedes amigos me brindan. Nada existe que puedo pedir, afirmó la mujer, solo dar es mi única misión.

Sigue relatando el Ángel mensajero con pasión y emoción, como si estuviera tratando de decirme algo más que la historia misma.

Uno de los Ángeles, después de una pequeña reunión entre todos los Seres Celestiales, se presentó y le confesó a la mujer lo siguiente:

Dialoga sobre nosotros los Ángeles, comunica todos los temas del cielo y de la tierra unida e integrada en un Todo inseparable que vive en cada persona. Entrega mensajes claros, para que los demás comprendan que la materia y el espíritu integrados realizan una fiesta de luz en todo momento. Para que comprendan que las leyes que rigen la materia son las de un Universo invisible porque no ha sido creado. Cuando el espíritu manifiesta en el plano que ustedes llaman material es porque actuaron los Seres humanos de canales, nada les pertenece porque el Universo es de ustedes, por lo tanto como los pájaros, las plantas y todos los reinos, vivan confiando en la Divina Providencia.

En cada acción o palabra que expreses trata de manifestar el amor entre el hombre y el Ángel, cada día que el Ser humano está abierto a escuchar nuestro suave susurro. Comunica este mensaje y el amor será tu misión primera que no tendrá fin. Observarás los milagros que llegarán a ti, sin pedirlo, devoluciones de amor, aunque tú solamente busques tu evolución interior. El amor vivirá y se expandirá en un eterno crecimiento.

Luego el Ángel mensajero, confirmando un deseo que siempre había buscado, siembra lo siguiente en mi corazón:

El deseo y la claridad del propósito de esta mujer eran tan grandes, que encontró la forma para que solamente con nombrarla, cada persona recuerde y reconozca simplemente su propia divinidad interior. Entonces se llamó a sí misma con un nombre con el que todos pudieran identificarse. Con él sintetizo todos los nombres de la creación.

Cada persona al pronunciar su nombre solamente por llamarla recordará su origen de Luz.

Así logró que la divinidad irradie a través de ella el servicio tan anhelado por su alma. Esto lo logró gracias a la conexión con nosotros, los Mensajeros de Luz.

Ahora, la mujer siente que no hay nombres, ni personas, ni palabras, ni acciones que puedan separarla de la conciencia de luz del Creador.

FORMA DE CUENTO

Este mensaje, en forma de cuento, lo canalicé después de una invocación con los Ángeles el día que decidí llamarme "Iam".

La historia de mi nombre "Iam" está relatada en el libro *Qué hay detrás de tu nombre*, 2002.

Los Ángeles tuvieron razón, esta historia fue canalizada en 1994, y en el año 2003, he ganado un premio literario en los Estados Unidos, en la ciudad de Los Ángeles, California. Por ese libro, sin pedirlo, ni pensarlo, están llegando las bendiciones. No sólo a nivel profesional siguen llegando cada día, sino en todos los planos de mi vida. Especialmente cuando miro los bellos ojos inmensamente amorosos de mi esposo Greg, siento la bella melodía de la dulzura de los Ángeles en su voz.

Ahora, siento que al nombrarme recuerdo siempre el origen divino. Porque nuestro nombre es sagrado, sea cual sea, siempre es divino.

Y no me canso de afirmar: Gracias a las respuestas de los Ángeles, siempre encuentro en mi camino las personas correctas que me ayudan a que mi amor continúe en crecimiento por siempre.

Mientras finalizaba este capítulo recordé esta frase de origen chino que es muy antigua y anónima. Yo la he completado y cambiado para darle un sentido celestial. La entrego para que la energía Angelical se expanda dentro de ti.

Si deseas vivir por un año siembra un grano.

Si deseas vivir por diez años siembra un árbol.

Si deseas vivir por cien años siembra un hombre.

Si deseas vivir eternamente siembra Ángeles.

Gracias a ustedes, mis amigos por permitir que el sonido celestial se canalice, nombre, siembre y coseche.

Conclusión

En el principio de la nada, se creó la Totalidad.
Del silencio, el ritmo. De la perfección, el amor.
De todas las cosas creadas se manifestó el ser humano.
Es la conjunción de todos los reinos de la existencia:
mineral, vegetal, animal, humano y divino.

Mabel Iam

SER CELESTIAL

He compartido en este libro con ustedes mi experiencia y conocimiento espiritual con el corazón abierto.

En general, debido al temor que experimentamos hacia el mundo espiritual es escaso el conocimiento interno que poseemos de nosotros mismos. A veces, asociamos nuestro mundo interior con un abismo oscuro, y esto puede provocarnos vértigo. Al alcanzar una íntima y verdadera conexión con nuestro espíritu descubrimos un mundo infinito y fascinante. En el proceso de aceptación de nuestros propios obstáculos mentales o emocionales advertimos que fueron creados por nuestras dudas, temores e inseguridades. Básicamente, todas nuestras incertidumbres surgen del desconocimiento de las leyes espirituales que rigen la creación Universal. Si elaboramos el miedo, sin resistencias, podemos percibir que en nosotros reside el Infinito Poder de la sabiduría divina. Con los métodos que he explicado en este libro he logrado despejar estas sombras. Brindo este conocimiento con la profunda convicción que estas técnicas, practicadas con la dedicación adecuada para cada persona, pueden ayudar al lector a encontrar su Ser Angelical.

En el primer capítulo expliqué que en el proceso que experimento al realizar cada libro, mientras escribo, acontece y se produce una extraordinaria alquimia en mi interior, un nuevo despertar. Cada libro es una enseñanza original que cautiva mi alma. Antes de finalizar este manuscrito tuve un sueño maravilloso que deseo transmitir. El sueño surgió de una profunda reflexión o autocuestionamiento anterior a la entrega de este trabajo literario.

Creo que todo autor aspira a revelar conceptos en sus textos para correr el velo que provocan las nubes de la oscuridad de la mente y descubrir las verdades eternas, que todo ser humano explora y busca para darle luz a su existencia.

Antes de concluir este libro, surgió en mi interior una pregunta clave, quizás la misma que ustedes mis amigos se han planteado también: ¿cómo puedo ayudar a liberar al ser humano de la enfermedad, del conflicto emocional y de la tortura mental?

Antes de ir a dormir decidí invocar al Ser Celestial para que, a través de un sueño guíe mi alma a obtener la respuesta. Le solicité que el sueño sea claro y preciso, que al despertarme pueda comprenderlo. Deseaba crear un sueño con escasas imágenes hilvanadas de forma extremadamente sencilla, con un contenido simple y palabras específicas. El requisito fundamental que anhelaba para la revelación onírica era experimentar un sueño que contenga un concepto puro y absolutamente lúcido con el objetivo de que todas las personas de cualquier cultura o creencia comprendan la respuesta en forma inmediata.

Antes de quedarme profundamente dormida, realicé de nuevo en mi mente la pregunta: ¿cuál es el motivo del sufrimiento del ser humano y de la enfermedad?

Al despertarme, estaba absolutamente maravillada y satisfecha con el resultado que describiré a continuación:

En la primera escena del sueño aparecieron dos manos que me entregaban una especie de pecera redonda que aparentaba representar la tierra. Mientras sostenía la pecera observaba que además de agua, ésta contenía cerebros, y que estos ocupaban el ochenta por ciento del contenido de la misma.

Los cerebros tenían una textura y un color muy blanco, algunos indicaban pertenecer a personas muy ancianas que continuaban aparentemente con vida, y otros parecían cerebros muertos. Mi atención estaba centrada en los cerebros porque segregaban una sustancia, un líquido verde, parecido a la mucosidad que fluye de la nariz cuando una persona está resfriada o engripada.

Los cerebros estaban agudamente enfermos, infectados de un virus, que mientras se contactaban uno con otros la sustancia se iba multiplicando. El contacto entre estos cerebros provocaba un contagio de una extraña anomalía o enfermedad. La forma del acercamiento entre estos era sutil, casi imperceptible, pero continua y permanente, sin detenerse. Los cerebros reproducían esa sustancia verde muy repulsiva y ésta cada vez se manifestaba más intensamente cubriendo la imagen de la pecera.

Acto seguido, se desvaneció esta desagradable imagen o visión de la pecera con el contenido de los cerebros enfermos. Y en una segunda escena del sueño se presentó repentinamente, como surgiendo del espacio infinito, la imagen de un Ser Iluminado con la imagen externa de un hombre, tenia la apariencia de un Buda o maestro. ("Buda" es el estado de iluminación espiritual). El maestro era muy delgado y tenia alrededor de 30 años, vestía solamente un taparrabo blanco, el color de su piel y los rasgos de su rostro era en apariencia física como de origen hindú.

Tenía entre sus manos una vasija de barro, el típico recipiente rústico que utilizaban los indios para beber agua del río. Me entrega la vasija y me comenta lo siguiente: "Los esquemas, patrones, códigos de la antigua materia, la antigua forma está enferma de un virus. Esa es la imagen de la pecera con los cerebros enfermos que el universo te reveló claramente para que comprendas esta realidad".

Cada cerebro enfermo va contagiando de generación en generación a otro al contactarse entre ellos. En esa relación se descomponen y además, continúan contagiándose. Esta acción enferma los destruye. Proseguía, el maestro, con su explicación afirmando: La única forma de cura para la mente del hombre es que ésta se trasforme en una vasija vacía como la que te he entregado a cambio de la pecera.

Maestro, le pregunté: perdón, no entiendo. ¿Cómo funcionaría la mente, entonces?

Imagina que tu mente es como este receptáculo vacío, nada contiene —contestó— esta imagen es solamente un símbolo simple de mi respuesta. Lo único importante es "el vacío", y me refiero al mismo, a través, de la imagen de la vasija, que representa la mente.

Si logras vaciar tu mente, ésta será llenada por luz. Tu comprendes y conoces; muy bien, a la luz nadie puede contagiarla, nadie puede tocarla. La luz siempre se renueva, nunca muere, nunca se enferma, nadie puede cambiar su naturaleza divina.

Esta es la respuesta que estabas buscando con gran regocijo, por ello el Universo te ha contestado tan claramente: "Imagina tu mente, trata de observar también tu cerebro vacío y deja que se llene de luz. Ningún patrón conocido, viejo o enfermo podrá afectarte, ni tampoco infectarte o crearte algún conflicto. *La iluminación de la mente sólo se realiza a través del vacío*. Observa y continúa alerta, vacía todo el contenido de tu mente. Evoca la imagen de esta vasija, pero sin identificarte con ésta, observa, contempla y descubre el vacío".

Así terminó el sueño, en realidad, las palabras más indicadas para expresar aquella vivencia son: aprendí una enseñanza Superior en forma de ensoñación.

La explicación de este sueño es tan clara como el pedido que le había hecho al Ser Celestial. Los conceptos humanos ya están saturados de información, de toda clase de sofisticación, ya no queda mucho por decir o inventar. Sólo la ley del silencio y del amor puede salvarnos y rescatarnos de toda enfermedad tanto física, como emocional o mental.

Cuando el ser humano madura por medio del silencio, la sabiduría brota en sus actos y palabras; la vida divina le habla a su interior mostrándole su infinitud, su misericordia y omnipotencia. En la medida en que puedan ser recibidas, la sabiduría le transmite las cualidades ilimitadas que le son propias.

Este es mi regalo para ti, mi amigo lector, vacía tu mente, nace de nuevo, llama a los Ángeles, escucha la melodía celestial de tu corazón, sueña y aprende. Vacía tu mente y encanta a tus recuerdos, de la misma manera que lo realiza un maestro hindú con su flauta dulce. Encantando a la serpiente que arroja su veneno para trasformarse en fuerza, en un impulso puro, que danza inofensivamente al ritmo del Universo.

Vacía tu mente, extrae todo lo tóxico que encuentres en ti, entrégate a la luz, disfruta de tu natural estado de alegría.

El primer paso para comenzar es darnos cuenta que sólo nosotros somos responsables de elegir entre el infierno de la ignorancia, o la plenitud.

En este mensaje final, que entrego con sinceridad a ustedes mis amigos lectores, les confieso mis sentimientos de aquello en que creo profundamente:

El Ser Angelical habita en nosotros es la esencia de la semilla de la vida, contiene luz y crece en nuestro corazón sin detenerse, sin morir, sin rendirse. Se expande con inofensividad, inocencia, dulzura, ternura. Su fruto es el poder espiritual creado desde el principio de los tiempos, más allá de la materia que percibimos con nuestros sentidos físicos. Sus flores irradian la sabiduría de los grandes maestros. La gracia. El conocimiento del todo. Nosotros somos todas las maravillas.

Nosotros somos el Universo. Nosotros somos Seres Celestiales.

Recuerda: Todos los milagros de la vida te bendicen.

Nosotros somos el Silencio y el movimiento de la Luz Divina.

Nosotros somos los prodigios. Siempre retorna a tu morada, allí el Ser Real está esperando por ti desde siempre, para siempre, hasta fundirnos en la Luz del Ser Angelical y Ser Uno con Él.

RESPUESTA AL PRÓLOGO

Sin final

Gracias a ti, Ser Angelical
mi alma ha alcanzado la visión interior.
Y a través de tu Espíritu,
he oído los secretos maravillosos y milenarios
de la eterna existencia.
A través de tu mística mirada
he percibido que la esencia del conocimiento
habita dentro del núcleo del corazón.
Ahora, una fuente de poder fluye dentro de mí
y reconozco la vida divina en mi propia sangre.
Es abundancia de amor y de sabiduría abrazadora
brillando con todo esplendor.
Aquí y ahora, gracias a ti, Ángel,
y en tu Divino nombre, afirmo:
sé, sin dudar que Soy parte de ti.
El Uno, la Luz, el Ser Divino.

Mabel Iam

GLOSARIO

A

Abracadabra. Voz cabalística (kabalistica) o fórmula que constituye una expresión mágica a la que se atribuyen poderes extraordinarios. Esta palabra significa Expresión Divina. Las letras de dicha palabra debían ser dispuestas en forma de triángulo, de manera que pueda ser leída en varias direcciones.

Actitud. Predisposición de la persona a responder de una manera determinada frente a un estímulo tras evaluarlo positiva o negativamente.

Adaptación. Estado en el que el sujeto establece una relación de equilibrio y carente de conflictos con su ambiente social.

Afectividad. Conjunto de emociones y sentimientos que un individuo puede experimentar a través de las distintas situaciones que vive.

Afectivo, bloqueo. Incapacidad para expresar afectos o emociones, caracterizada a veces por un estado de estupor.

Afecto. Patrón de comportamientos observables que es la expresión de sentimientos (emoción) experimentados subjetivamente. Tristeza, alegría y cólera son ejemplos usuales de afecto. Es muy variable su expresión entre culturas diferentes así como en cada una de ellas. Los trastornos del afecto incluyen las siguientes modalidades:

—Agitación. Estado de inquietud o de actividad continua no enfocada hacia objetivo alguno.

—Agitación psicomotora. Excesiva actividad motora asociada a una sensación de tensión interna. Habitualmente, la actividad no es productiva, tiene carácter repetitivo y consta de comportamientos como caminar velozmente, moverse nerviosamente, retorcer las manos, manosear los vestidos e incapacidad para permanecer sentado.

—Agresividad. Estado emocional que consiste en sentimientos de odio y deseos de dañar a otra persona, animal u objeto. La agresión es cualquier forma de conducta que pretende herir física y/o psicológicamente a alguien.

—Agresión pasiva. Mecanismo de defensa en que el individuo muestra agresividad hacia los demás de forma indirecta y no asertiva. Existe una máscara externa de abierta sumisión a los demás, detrás de la que en realidad se esconde resistencia, resentimiento y hostilidad encubiertos.

Alquimia. Es el manejo de las tesis y prácticas de los antiguos químicos, que fomentaron la química moderna.

Otro significado es el conjunto de experiencias, generalmente de carácter esotérico, relativas a las transmutaciones de la materia, que influyó en el origen de la ciencia química. Las experiencias alquímicas tienen como fines principales la búsqueda de la Piedra filosofal y de la Panacea Universal. La palabra crisopeya, de origen griego es un sinónimo de alquimia, significa hacer oro.

Alma. Esencia metafísica del ser humano que constituye el Soplo Espiritual que activa la vida del hombre. Es el Nephesh de los hebreos y la Psyche de los griegos. El Alma es donde se alojan los sentimientos y las emociones humanas, es una entidad que está presente en todos los seres terrestres desde los más a los menos evolucionados. Ella contiene todas las potencialidades de una conciencia divina que deberá tomar forma en la evolución.

Alma Universal. Nombre, que se le asigna al principio general de la vida y de la inteligencia, al gran todo universal como expresión de fuente común.

Altruismo. Actitud específicamente humana en la que el interés primordial se centra en lograr el bien ajeno antes que el propio satisfaciendo las necesidades de los demás. A diferencia del autosacrificio, a veces característico de la formación reactiva, el individuo obtiene una gratificación (por ejemplo, las repuestas de agradecimiento de los demás con esta actitud).

Ambivalencia. Conflicto motivacional, que se produce cuando el sujeto es simultáneamente atraído y repelido por la misma meta o deseo.

Amuleto. Objeto portátil al que, probablemente por superstición, se le atribuye una virtud mágica. Comenzaron a ser muy utilizados en el antiguo Egipto.

Ángel. Ángel, en griego, significa *enviado*. El Ángel bíblico es un ser intermediario que asiste a Dios para establecer la comunicación entre él y los hombres. Desde la Edad Media, esta palabra designa Seres creados, superiores al hombre, espíritus puros. Arquetipo interno que trasciende la personalidad, equivale a la energía creadora, totalizadora, divina y protectora del ser humano.

Angustia. Un estado de gran activación emocional que contiene un sentimiento de miedo o aprehensión. Clínicamente se define como una reacción de miedo ante un peligro ambiguo y desconocido. Se emplea también como sinónimo de ansiedad o para referirse a la expresión más extrema de ésta.

Ansiedad. Miedo anticipado a padecer un daño o desgracia futuros, acompañada de un sentimiento de temor o de síntomas somáticos de tensión.

Anticipación. El individuo se enfrenta a conflictos emocionales y amenazas de origen interno o externo experimentando reacciones emocionales antes de que ambos se produzcan o bien anticipando sus consecuencias, posibles acontecimientos futuros, y considerando de forma realista respuestas o soluciones alternativas.

Aprendizaje. Es un cambio permanente de la conducta de la persona como resultado de la experiencia. Se refiere al cambio en la conducta o al potencial de la conducta de un sujeto en una situación dada, como producto de sus repetidas experiencias en dicha situación. Este cambio conductual no puede explicarse en base a las tendencias de respuesta innatas del individuo, su maduración, o estados temporales (como la fatiga, la intoxicación alcohólica, los impulsos, etc.).

Aptitud. La capacidad de aprovechar toda enseñanza, capacitación o experiencia en un determinado ámbito de desempeño.

Arquetipo. Modelo, patrón, o forma primera. Según Carl Jung, la imagen o impresión innata que todas las personas tienen en común. El arquetipo reside en la mentalidad colectiva inconsciente y equivale al concepto de instinto en los animales.

Asociación. Proceso mental por el que una idea se asocia espontáneamente a otra.

Asociación libre. Técnica empleada en psicoanálisis para explorar la vida psíquica inconsciente del paciente. Se le dice que hable de todo lo que le venga a la mente durante la sesión, sin tomar en cuenta su coherencia lógica ni su contenido moral, sexual o agresivo.

Aspiración, nivel de. Meta que el sujeto se establece a sí mismo al realizar una tarea determinada.

Atribución. En Psicología social, tendencia a inferir las motivaciones, rasgos, intenciones y capacidades de otras personas basándonos en la observación de su conducta. Una tendencia más o menos automática de buscar explicaciones para las acciones ajenas.

Astrología. Antigua ciencia de los Astros que predice los sucesos observando los movimientos y los aspectos de los cuerpos celestes.

Aura. Emanación generalmente coloreada, percibida por ciertos clarividentes, alrededor del cuerpo humano y a veces, alrededor de los animales y plantas. En la metafísica se denomina así a la vibración luminosa que rodea a los Seres vivos, percibida por sensitivos. El aura humana es la contraparte energética del cuerpo físico y encarna tres tipos de energía: Física, Astral y Mental. Se ha desarrollado un instrumento para poder captar esta energía, llamado Cámara Kirlian.

Autoafirmación. Característica de la conducta que se singulariza por un comportamiento social positivo, que apunta a defender un derecho a alcanzar una meta.

Autorrealización. Tendencia innata a desarrollar al máximo los propios talentos y potenciales, que contribuyen a obtener un sentimiento de satisfacción hacia uno mismo por parte del individuo.

Autosugestión. Proceso generalmente inconsciente, por el que el sujeto se convence a sí mismo de algo.

Auto-observación. Mecanismo en que el individuo reflexiona sobre sus propios pensamientos, sentimientos, motivaciones y comportamientos, y actúa de acuerdo con ellos.

B

Biblia. Libro sagrado o Sagradas Escrituras, conformadas por 72 libros que, supuestamente, contienen toda la verdad espiritual, sujeta a interpretaciones jeroglíficas y simbólicas. Se divide en dos partes: el Antiguo Testamento y el Nuevo Testamento. El primero está escrito en hebreo, lo cual al traducirse en diversos lenguajes, abre la posibilidad de que la versión que conocemos no sea tan fiel al original.

Buda. Viene de la raíz "Bud" que significa *despierto* o *iluminado*, así como Cristo significa *ungido*. No debe usarse como nombre propio, ya que significa un título y un reconocimiento por haber alcanzado un estado de desarrollo espiritual.

C

Capacidades. Son aptitudes mentales hipotéticas que permitirían a la mente humana actuar y percibir de un modo que trasciende las leyes naturales.

Carácter, neurosis de. Exageración de determinados rasgos de la personalidad, que provocan trastornos de la conducta.

Carácter práctico. La persona de carácter o temperamento práctico es la que se orienta permanentemente por los hechos reales, adopta actitudes útiles frente a ellos y no se deja llevar por el sentimentalismo.

Catarsis. Liberación, a través de la palabra, de las ideas relegadas al inconsciente por un mecanismo de defensa.

Cerebro. Estructura compleja perteneciente al sistema nervioso, situada dentro del cráneo, sede de los procesos de pensamiento superiores, como la memoria y la razón. La organización de la estructura del sistema nervioso refleja una clara funcionalidad.

La información entra por los receptores sensoriales y a través de vías sensoriales específicas es llevada hasta centros nerviosos donde es procesada. De este procesamiento surgen la sensación y la percepción. También la información que llega a los centros nerviosos, al ser procesada en los sistemas cognitivos, genera conocimiento (aprendizaje) parte del cual puede ser almacenado (memoria). De esta manera se genera un conocimiento tanto del medio ambiente como del medio interno.

En respuesta al conocimiento generado se producen programas motores que se expresan en forma de diversas conductas que permiten la adaptación de los individuos a sus medios.

Todos estos procesos se identifican estructuralmente con sistemas neuronales propios (sistemas motores, sistemas sensoriales, sistemas cognitivos).

Cognición o conocimiento. Procesamiento consciente de pensamiento e imágenes.

Compulsión. Repetición innecesaria de actos, derivada de un sentimiento de necesidad no sometible al control de la voluntad. Se diferencia de las ideas delirantes en que el sujeto que la padece es consciente de lo absurdo de su conducta.

Conciencia. Cualidad o producto de la actividad íntima del espíritu humano para reconocerse. En sus atributos esenciales y en todas las modificaciones que en sí mismo experimenta, al percibir y aquilatar los objetos, las imágenes y sensaciones del medio ambiente, que le son transmitidas por los órganos sensoriales y el cerebro.

Conciente. Estructura de la personalidad en que los fenómenos psíquicos son plenamente percibidos y comprendidos por la persona.

Condicionamiento. El condicionamiento es un tipo de aprendizaje en el cual la conducta de un organismo tiene consecuencia en su medio inmediato. El organismo "opera", por así decir, sobre el mundo que lo rodea.

Conducta instintiva. Es una conducta innata, considerada algo más que un reflejo, ya que abarca un repertorio complejo y depende más de la maduración que del aprendizaje.

Conflicto. Presencia contemporánea, en la misma persona, de dos motivaciones de carácter opuesto pero de igual intensidad.

Confusión mental. Disminución de la actividad de la conciencia, desde una leve obnubilación hasta el estado de estupor.

Creatividad. Proceso intelectual caracterizado por la originalidad, el espíritu de adaptación y la posibilidad de hacer realizaciones concretas.

Crisis de angustia. Consiste en la aparición repentina de la ansiedad en su máxima intensidad. La típica crisis se presenta generalmente de modo repentino, sin síntomas previos de aviso. Estas crisis se viven por el paciente como una señal de muerte inminente, la intensidad de sufrimiento es equivalente a la de alguien que nota que lo van a matar. Se acompaña de síntomas corporales de pánico: taquicardia, palpitaciones, respiración acelerada, sensación de ahogo o falta de aliento, náuseas o molestias abdominales, mareo, desmayo o aturdimiento, palidez, manos y pies fríos, sensación de opresión precordial que en ocasiones llega a ser dolor precordial, sudoración, parestesias (sensación de entumecimiento u hormigueo), miedo a perder el control o "volverse loco" y miedo a morir.

Culpa. Sentimiento de experiencia dolorosa que deriva de la sensación más o menos consciente de haber transgredido las normas éticas personales o sociales.

D

Diálisis. Método para eliminar productos de desecho, como la urea, de la sangre cuando los riñones ya no pueden llevarlo a cabo. Existen dos clases de diálisis: la hemodiálisis y la diálisis peritoneal.

La hemodiálisis se conecta la persona a una máquina (a veces llamada "riñón artificial") que depura la sangre del enfermo haciéndola correr lentamente por un sistema de tubos y una serie de filtros. Los productos de desecho se recogen y eliminan. Este procedimiento se realiza en un hospital. La técnica de diálisis peritoneal ambulatoria continua permite que la limpieza del flujo sanguíneo de los riñones, que se realiza con una maquina se lleve a cabo en el hogar.

Demonio o Diablo. Ser sobrenatural, espíritu o fuerza capaz de influir en las vidas humanas, en general por medios malignos. En las diferentes creencias religiosas como hebrea, cristianas e islámicas, nombran el espíritu supremo del mal que durante un tiempo inmensurable ha regido el Universo de los espíritus del mal y es una oposición constante a Dios. La palabra viene, a través del término daeminium del latín eclesiástico, del griego daimonion, un adjetivo que significa 'calumnioso' utilizado también en griego clásico como un nombre que identifica a una persona como un calumniador.

El término se utilizó en la traducción griega de la Biblia, la Septuaginta, no para referirse a los Seres humanos sino más bien como traducción del ha-satan hebreo ('el satán'), una expresión utilizada al principio como título de un miembro de la corte divina que actuaba de espía errante de Dios recogiendo información de los humanos en sus viajes por la Tierra. Como algunos aspectos de esta figura divina tal vez se formaron de la experiencia con los servicios secretos reales del antiguo Oriente Próximo, no es de sorprender que Satán también fuera visto como un personaje que intentara provocar la sedición punible allí donde no hubiera ninguna, actuando así como un adversario de los seres humanos para separarlos de Dios. En toda especulación en torno a Satán, el mayor problema que se presenta es el del origen y la naturaleza del mal.

En la tradición judía, y por ende en el primer pensamiento cristiano, el título se convirtió en un nombre propio. Satán empieza a ser considerado como un adversario, no sólo de los seres humanos sino también —e incluso sobre todo— de Dios. Esta evolución es probablemente el resultado de la influencia de la filosofía dualista persa con sus opuestos poderes del bien (Ormuz) y del mal (Ahriman).

Pero tanto en el modelo judío como en el cristiano, el dualismo siempre es provisional o temporal, y el demonio en última instancia está sometido a Dios. En los escritos de la secta de Qumran recogidos en los manuscritos del mar Muerto, el demonio aparece como Belial, el Espíritu de la Maldad. En algunas tendencias del pensamiento rabínico, Satán está ligado al "impulso del mal" que, de alguna manera, resulta así personificado. Esta personificación es una variante judía de la suposición antigua y generalizada de que los seres humanos pueden estar sometidos a fuerzas malévolas distintas a sus conciencias. Así, tanto en el judaísmo como en el cristianismo se cree que los seres humanos pueden estar "poseídos" por el demonio o por sus servidores, los diablos.

La esencia de las enseñanzas cristianas sobre el demonio es, tal vez, que Jesucristo rompió el poder que tanto él como sus diablos tenían sobre toda la humanidad (la "posesión" de algunos es un síntoma del dominio general sobre todos) y que en la crucifixión el demonio y sus secuaces, explotando lo peor de ellos mismos, fueron, por paradójico que resulte, llevados a su última derrota.

En la Edad Media, el demonio jugó un papel importante en el arte, siendo casi siempre visto como un animal humano perverso e impulsivo con una cola y cuernos, acompañado algunas veces por sus diablos subordinados. La idea de que estos últimos podían penetrar en los cuerpos y las almas de los seres humanos sirvió la mayoría de las veces para diferenciar al ser poseído del normal más que para indicar algo sobre el estado general de la humanidad.

La complejidad, el misterio y la naturaleza combinada del mal han llevado a algunos pensadores a creer que hay que encontrar un lugar para el demonio incluso en el pensamiento moderno. El islam, que acepta el judaísmo y el cristianismo como inspirados por Dios, extrae su concepto del demonio de las mismas fuentes. Se menciona a Iblis, el demonio, en el Corán. Alá le maldice pero le deja libre para tentar al incauto, como así hace en el relato coránico del Jardín del Edén.

Los demonios están presentes en la mayoría de las religiones, así como en la mitología y en la literatura. El exorcismo o práctica de expulsar los diablos que se alojan en el cuerpo de una persona o la poseen, ha sido practicado por numerosas religiones a través de una figura dotada de una autoridad especial. El estudio de los demonios recibe el nombre de demonología.

La creencia en los espíritus malignos y en su capacidad para influir en las vidas de la gente se remonta a los tiempos prehistóricos. Muchos pueblos primitivos creían que los demonios dominaban todos los elementos de la naturaleza. Los espíritus malignos o demonios eran los espíritus de los antepasados que traían la desgracia a la gente. Las sociedades que practicaban el culto a los antepasados pretendían influir en las acciones tanto de los buenos como de los malos espíritus. Algunas sociedades de la antigüedad, como las de Egipto y Babilonia (hoy Irak), creían que estos espíritus dominaban las funciones del cuerpo humano y que provocaban ciertas enfermedades.

Los espíritus y los seres demoníacos tuvieron una gran importancia en el hinduismo, la religión de la India. En las escrituras hindúes, llamadas Vedas y escritas alrededor del año 1000 a. C., se describen diversos seres malignos, como los asuras y los panis, que hacen daño a las personas y se enfrentan con los dioses hindúes. La palabra demonio, del griego dai-mon, se refiere a unos seres dotados de poderes especiales y situados en-tre los humanos y los dioses. Estos seres tenían la capacidad de mejorar las vidas de la gente o de ejecutar los castigos de los dioses.

Las principales creencias cristianas con respecto a los demonios tienen su origen en las alusiones a seres malignos o "espíritus impuros" que apa-recen en el Antiguo Testamento. En la edad media, la teología cristiana ela-boró una complicada jerarquía de Ángeles, relacionados con Dios, y de Ángeles caídos o demonios, liderados por Satán. Éste estaba considerado como el primer Ángel caído. En la mayoría de las versiones inglesas de la Biblia el término demonio se traduce como diablo, y en el Nuevo Testa-mento el demonio se identifica con un espíritu maligno.

En la religión islámica también aparecen numerosos demonios. Las es-crituras musulmanas describen a un grupo de ellos llamados jinn, que causaban la destrucción y presidían los lugares en los que tenían lugar actividades malignas. El primer jinni fue Iblis, expulsado por Alá por ne-garse a venerar a Adán, el primer hombre.

Forman parte del folklore popular en todo el mundo. Muchos de es-tos demonios tienen características especiales. Entre ellos se encuentra la familia de los vampiros, que chupan la sangre de sus víctimas, el oni japonés, que provoca las tormentas, y en la Escocia legendaria los kel-pies acechan los lagos para ahogar a los viajeros incautos.

La creencia popular en demonios y espíritus malignos ha ido desapa-reciendo poco a poco a partir del siglo XVII.

E

Efecto. Ley del Principio por el cual se adquieren sólo las respuestas in-mediatamente seguidas de un refuerzo.

Ego. Es un componente de la personalidad que aparece en la infancia y es parte del desarrollo para manejar las transferencias con el ambiente; localiza los objetos reales que satisfacen las necesidades del individuo.

El ego es el controlador centro de la conciencia, gobierna un campo de actividad psíquica que está constantemente rodeado por el dominio basto y misterioso del inconsciente. El ego puede decidir (o ser forzado por la exigencia de las presiones sociales) actuar o buscar auto-expresarse de un modo que corra contra las pautas de conducta genéricas y culturales que son normales para la naturaleza humana, o contra las tradiciones más profundas o cultura particular.

Egocéntrico. En psicología, es la persona centrada en torno a ella misma o al yo personal. Un punto de vista egocéntrico, es aquél en que prevalece únicamente el interés de la persona que lo expresa.

Emoción. Estado afectivo, una reacción subjetiva al ambiente, acompañada de cambios orgánicos (fisiológicos y endocrinos) de origen innato, influida por la experiencia y que tiene la función adaptativa. Se refieren a estados internos como el deseo o la necesidad que dirige al organismo. Las categorías básicas de las emociones son: miedo, sorpresa, aversión, ira, tristeza y alegría.

Empatía. Estado mental en el que un sujeto se identifica con otro grupo o persona, compartiendo el mismo estado de ánimo.

Encarnación. Término que se refiere a la propiedad de un Alma o Espíritu al entrar en un cuerpo físico, de manera natural o convencional.

Energía. Desde el punto de vista espiritual, la energía crea todo el universo manifestado. La energía vibra a diversas frecuencias, y cada nivel de cada frecuencia en particular determina la forma que adoptará la energía.

Esenios. Miembros de una hermandad religiosa judía, organizada en torno a bases comunitarias profundas, y a prácticas de un estricto ascetismo (del griego askesis, ejercicio). Los Esenios eran una secta mística y monástica que llevaba una vida dedicada al trabajo y la oración. Ellos vivieron en Palestina y fueron célebres por su santidad. Vivieron en una comunidad llevando una vida contemplativa. Esenio deriva de la palabra hebrea *Asa*, que significa *sanador*. La Hermandad Esenia es principalmente conocida debido a que se le atribuye conexión con el Cristo y su misión, pues se dice que Jesús fue preparado para su obra por esta fraternidad. Los esenios eran devotos ascetas, admitiéndose a las personas en sus filas después de un estricto noviciado.

Espejismo. Condición mental que se ve velada por los impulsos emocionales evitando que la mente distinga claramente la realidad. Ejemplos: temor, auto-compasión, crítica, sospecha, obstinación, excesiva materialidad.

Estado de ánimo. Emoción generalizada y persistente que influye en la percepción del mundo. Son ejemplos frecuentes de estado de ánimo la depresión, alegría, cólera y ansiedad. Estos son los tipos de estado de ánimo.

Estrés. Cualquier exigencia que produzca un estado de tensión en el individuo y que pida un cambio o adaptación por parte del mismo.

F

Fantasía. Libre actividad del pensamiento por la cual premisas y conclusiones pueden ignorar la realidad.

Fístula. Conducto patológico o pasaje creado por un problema para producir una comunicación anormal o común desde un órgano interno hasta la superficie corporal o entre dos órganos.

Fobia. Miedo persistente e irracional hacia un objeto, situación o actividad específicos (el estímulo fóbico), que da lugar a un deseo incoercible de evitarlo. Esto suele conducir a evitar el estímulo fóbico o a afrontarlo con terror.

Formación de conceptos. Es el proceso de aprendizaje por el cual creamos clases mentales o cognitivas.

Fuego. Representa la cualidad de la transmutación. Es lo luminoso, creativo, expansivo, libre, armónico y sutil. Cuando aparece, siempre ocurren transformaciones definitivas. En el Cielo, es la Luz, la claridad. El fuego es el resultado de la fusión armónica de lo masculino y femenino, que dejan de ser ellos mismos para convertirse en una nueva clase de energía.

H

Hábito. Tendencia a actuar de una manera mecánica, especialmente cuando el hábito se ha adquirido por ejercicio o experiencia. Se caracteriza por estar muy arraigado y porque puede ejecutarse de forma automática.

Hipnosis. Estado de alteración de la conciencia inducido en un sujeto cooperante.

I

Ideas innatas. Ideas presentes en el organismo desde su nacimiento, no necesariamente en su forma definitiva y madura, pero sí al menos en su forma germinal.

Identidad. Concepto claro y nítido de uno mismo.

Identificación. Mecanismo psíquico inconsciente que induce a un sujeto a comportarse, pensar y sentir como otro que actúa como su modelo.

Impresión. Visión u opinión general de un hecho cualquiera de otro sujeto, que surge de modo inmediato.

Impulso. Tendencia a actuar sin una deliberación o reflexión previa. Fenómeno contrario a un acto de voluntad.

Inconsciencia. Estado en el que la capacidad de percepción y de actuar conscientemente están anuladas. El estado más profundo de inconsciencia es el estado de coma.

Inconsciente. Zona "sumergida" de nuestra personalidad, de la que el sujeto no es directamente consciente. Sus contenidos son de naturaleza pulsional (pulsión) y su organización está regida por la condensación y el desplazamiento. Sus intentos de acceder a la conciencia son frenados por la represión y sólo obtienen éxito en la medida en que, a través de las deformaciones de la censura, se producen formaciones de compromiso (sueños, actos fallidos, etc.). Se compone básicamente de material psicológico procedente de los deseos infantiles.

Inconsciente colectivo. Según Jung, el conjunto de ideas y recuerdos que pertenecen a toda la humanidad y que son fruto de los recuerdos acumulados tras las experiencias de innumerables generaciones.

Inhibición. Carencia o disminución de determinados tipos de conducta, especialmente de los agresivos.

Inhibición reactiva. Cantidad mesurable de fatiga específica que se acumula en un organismo cada vez que da una cierta respuesta. La consecuencia es la disminución o desaparición por parte del organismo a producir dicha respuesta frente al estímulo.

Instinto de muerte. Tal como lo formulara Freud, el instinto o pulsión de muerte es una tendencia innata a procurar la destrucción de otros organismos, así como la propia destrucción.

Introspección. Proceso mental a través del cual el sujeto observa atentamente sus propias experiencias.

Introversión. Según Jung, característica del sujeto de naturaleza lenta, reflexiva y cerrada, que evita el contacto con los otros y se pone fácilmente a la defensiva.

Introyección. Mecanismo de defensa por el que se hacen propios rasgos de la personalidad de un sujeto.

Intuición. Forma de conocimiento directo caracterizada por la inmediatez y la contemporaneidad.

J

Johrei. Método de canalización de la energía vital del Universo para el perfeccionamiento espiritual y físico del ser humano, restaurando su condición original de verdadera salud, prosperidad, paz y nobleza de sentimientos.

El Johrei actúa a través de sus poderosas ondas de luz que se irradian durante el Johrei eliminan las impurezas impregnadas en el ser humano, revitalizando su fuerza natural de recuperación, también llamada fuerza curativa natural.

Todas las prácticas energéticas que buscan restaurar la fuerza natural de recuperación del ser humano usan energías que emanan del propio practicante, lo que reduce su acción debido al límite de la condición humana. Sin embargo, como el Johrei no utiliza la fuerza humana, y sí la energía vital universal, puede ser practicado indefinidamente, y lo que es mejor, cuanto más se practica mayor energía se recibe.

K

Kamma o Karma. Según lo escribamos en Pali o en Sánscrito, está producido por todas las acciones que cada individuo efectúa. Karma es la manera como "el pasado influye sobre el presente, pues 'Kamma' es pasado al igual que presente. El pasado y el presente influyen sobre el futuro —en esta vida o en la venidera—. Buda ha dicho: 'Es al acto mental de la voluntad, oh monjes, al que llamo Kamma. Después del deseo viene la acción mediante el cuerpo, la palabra o el pensamiento'

Habitualmente, y no sólo en el budismo, se usa "Karma" como nombre genérico para denotar la conducta y sus resultados. Dichas consecuencias forman una intrincada madeja, interactuando entre sí hasta el punto de no poder seguir la cadena causal. Cadena que puede llegar a ser muy compleja dado que nuevos efectos reaccionan con los anteriores, generando consecuencias de toda clase.

Es de hacer notar que, según el budismo (Theravada), no todas las acciones humanas son provocadoras de Karma: "la voz Pali "Kamma" significa *acción, actuar*. Pero en la teoría buddhista del karma tiene un sentido específico: expresa únicamente la "acción volitiva", y no todas las acciones. Además, esta palabra no significa, como muchos suelen emplearla errónea y libremente, el resultado del karma, pues en la terminología buddhista, el karma no significa nunca su propio efecto, sino que éste es conocido con el nombre de "fruto" o "resultado" del karma (Kamma-phala o Kamma-vipaka). Pulsa la imagen para visitar el sendero o índice especial sobre Budismo.

Tampoco debe confundirse la acción de la ley kármica con "recompensa" o "castigo" por la conducta llevada a cabo. No es la acción de la justicia humana o divina, es el resultado de una ley natural. Una clase de acción volitiva genera unos efectos, otra clase genera distintos. "La idea de justicia moral o de recompensa y castigo, proviene de la concepción de un ser supremo o de un Dios que juzga, dicta sentencia y decide qué es lo bueno y qué es lo malo".

El budismo considera que no se pueden eliminar las consecuencias kármicas que operan hasta su extinción; como las ondas provocadas por lanzar una piedra en un lago se extienden hasta llegar a la orilla o perderse en la distancia. Las consecuencias (vipaka) de la conducta volitiva se extienden hasta que sus efectos quedan cumplidos. Esta acción puede abarcar más de una vida. De ahí la dificultad para establecer la cadena causal en la determinación del estado presente; deberíamos incluir también vidas anteriores, con los inconvenientes de no saber qué hechos son los que provocaron los actuales efectos.

Siendo una cuestión básica para la comprensión no sólo del budismo sino de las tradiciones orientales este concepto ha sido bastante mal entendido, al asimilarlo incorrectamente al destino; a una especie de predestinación que está más allá de la voluntad humana.

Kannon o Kuan-yin. La diosa de la misericordia, conocida en sánscrito como Avalokitesvara, y es uno de los bodhisatva (iluminado) más populares y más importantes. Su culto se extiende por toda China, Tíbet, y casi todos los países del Noreste y Sudeste Asiático. En un tiempo, era venerada en todo Asia Menor hasta lo que es actualmente Irán. Su nombre en japonés es Kannon y en tibetano, Chenrezig. La razón de su extendida veneración se debe a que ella es la guardiana del mundo presente, siendo la transición entre el histórico buda Sakyamuni y Maitreya, el buda del futuro. Kuan-yin es la diosa de la misericordia en el budismo chino. Para los budistas tibetanos es el buda de la compasión. La veneración a Avalokitesvara o Kuan-yin en China se inició con la introducción del budismo al país a inicios del siglo III.

En los siguientes 1.700 años después de la llegada del budismo a China, los monjes tradujeron más de ochenta volúmenes de escrituras sagradas y escribieron una extensa colección de obras religiosas apócrifas sobre la diosa Kuan-yin. A través de este largo y persistente esfuerzo religioso, el Bodhisatva proveniente de India pasó por un proceso de significación convirtiéndose en tema principal de la literatura popular y muchas leyendas.

Originalmente, Avalokitesvara era una deidad masculina en su tierra natal, India. De carácter luminoso y redentor, a la vez poseedor de prerrogativas de un soberano universal, personifica la compasión y la caridad. Por esa razón, al ser introducido en China, adquiere una naturaleza femenina por las últimas cualidades mencionadas.

En realidad, al alcanzar el nirvana o estado de perfección absoluta, el ser humano pierde las características del sexo asociadas con su condición mortal y se transforma en un buda o iluminado. La perfección absoluta permite al ser humano librarse permanentemente del proceso de la reencarnación y de las limitaciones materiales.

Las imágenes de los templos budistas sólo sirven para recordarnos del ejemplo de quienes ya alcanzaron el estado de nirvana. En términos teológicos, la veneración de Avalokitesvara o Kuan-yin en China puede ser clasificada en tres categorías: exotérica, esotérica y significada. La tradición exotérica es la más arraigada y la representación de la figura serena de la diosa es la más común en los templos y altares familiares en Taiwan. Kuan-yin es presentada como una diosa normal con una corona que tiene como diadema un buda. Sus brazos sostienen objetos auspiciosos, tales como una flor de loto, una rama de sauce o un rosario. La versión esotérica presenta a Kuan-yin con once cabezas y múltiples brazos que sostienen una amplia variedad de instrumentos usados para ayudar a los fieles a liberarse de todas las formas de males y dificultades. Esta versión suele ser conocida como el "Kuan-yin de mil brazos y mil ojos". En las imágenes chinas generalmente se muestran sólo dieciséis brazos que sostienen objetos esotéricos tales como espadas, rosarios, flores, etc. Esta forma iconográfica tiene sus orígenes en India.

Sin embargo, la versión india representa generalmente a la deidad de pie, mientras que en China se la presenta sentada sobre una gigantesca flor de loto. El origen de esta iconografía se basa en una leyenda donde se dice que Avalokitesvara prometió no descansar hasta liberar a todos los Seres humanos del sufrimiento. Después de trabajar diligentemente en esta tarea por un largo tiempo, la deidad descubrió que el número de Seres miserables que debía salvar era inmenso y muchos de ellos no apreciaban su esfuerzo y volvían a recaer en las mismas debilidades que causaban su sufrimiento. Su desesperación fue tal que su cabeza reventó en miles de pedazos. El buda Amitabha, al ver la situación, recogió las partes y las volvió a unir, convirtiéndose en un cuerpo con muchos brazos y muchas cabezas. Así, Avalokitesvara puede trabajar con miles de almas al mismo tiempo, liberándolas de sus diferentes sufrimientos.

En la iconografía esotérica también se representa la deidad con un ojo en la palma de cada mano, representando su actitud siempre vigilante para librar de los males al ser humano. Esta versión de la veneración a Kuan-yin se basa en las tradiciones populares de China que surgen de los textos apócrifos y leyendas que se han acumulado a través de los siglos. Las imágenes más populares de este género en Taiwan incluyen las de la "Dama del Vestido Blanco"; "Kuan-yin otorgando niños", "Kuan-yin del cesto de peces" y "Kuan-yin del mar del Sur".

Kuan-yin virtualmente pierde su origen extranjero y adquiere una personalidad típicamente china. Las iconografías de este género son usadas con frecuencia en los templos taoístas de Taiwan. Aunque también se utilizan imágenes exotéricas en tales templos, las representaciones suelen adaptarse mejor al estilo utilitarista del taoísmo.

A través de los años, el budismo y el taoísmo han pasado por un proceso de sincretización en Taiwan, donde las dos religiones se han fusionado en una nueva versión folclórica donde los dioses de ambas adquieren propiedades comunes que ameritan el culto de los fieles. En este sentido, muchos dioses taoístas han adquirido el título de buda otorgado en virtud a su popularidad.

A través de este proceso, Kuan-yin también se ha convertido en una de las principales deidades que muchos mortales en China pretenden personificar. Tzu-hsi o la Emperatriz Viuda, última regente de la dinastía Ching y tía del último emperador de China, solía vestirse con un atuendo budista para aparentar ser Kuan-yin. Para ese propósito, tenía un estanque de lotos con una isleta en medio donde Tzu-hsi meditaba a veces y que vista desde los jardines cercanos creaba la sensación de que ella flotaba entre los lotos.

El budismo llegó a China desde India como algo ya hecho, sin necesidad de contribuir en nada a su formación. Su desarrollo estuvo ligado al arbitrio de peregrinaciones y traducciones sin un orden determinado. En consecuencia, los textos sagrados fueron introducidos a lo largo de varios siglos, tomando un valor diferente al que tuvieron en su tierra de origen. Esto vino como resultado de las interpretaciones fragmentadas y hechas en diferentes lugares.

Avalokitesvara o Kuan-yin o Kannon es un excelente ejemplo de cómo el budismo chino no corresponde exactamente a las confraternidades o escuelas originales de India. Sin embargo, la deidad tiene su origen allá y persigue el mismo fin redentor.

L

Latencia. Fase del desarrollo del niño en el que la sexualidad permanece más o menos adormecida. Se extiende desde los siete años hasta la adolescencia.

Lenguaje del cuerpo. Forma de comunicación no verbal efectuada a través de gestos, movimientos, etc.

Lívido. Forma de la energía vital que dirige y origina las manifestaciones del instinto sexual.

Luz. La luz ha sido identificado tradicional y simbólicamente con el espíritu. Psicológicamente, recibir la iluminación es adquirir la conciencia de la integración total con la Creación. En simbología religiosa cristiana representa a Cristo: "yo soy la luz del mundo: el que me sigue no camina a oscuras sino que tendrá la luz de la vida" (San Juan, 8.12). La luz es considerada como procedente de un origen que sea causa de ella. La interrelación entre la luz y el sonido es uno de los más profundos secretos de la filosofía oculta.

M

Magia. Son las actitudes espirituales y mentales, así como también las prácticas rituales, realizadas con el propósito de controlar y modificar la realidad.

Magnetismo. Una de las modalidades de la energía Universal que compenetra a la totalidad del Cosmos, desde las partículas más pequeñas hasta los cuerpos celestes.

Manifiesto, contenido. Cuánto el sujeto recuerda y/o relata conscientemente de un sueño, una fantasía o de sus pensamientos y emociones.

Mantra. Palabra de poder de origen hindú cuya repetición causa determinados estados de conciencia.

Manuscritos del mar Muerto. Ochocientos setenta rollos fueron descubiertos en 1947 en once cuevas a un kilómetro aproximadamente de un lugar denominado Chirbet Qumram. Este lugar se ubica en las proximidades de la ribera norte occidental del Mar Muerto. Desde mediados del siglo pasado esta región es conocida como "El Paraje en Ruinas". Este paraje se encuentra a unos kilómetros al sur de la ciudad mítica de Jericó, y es inhóspito. Toda la región está desértica.

Sus textos estaban escritos en hebreo, arameo y griego y contenían partes del *Viejo Testamento*, salmos, comentarios y otras escrituras, algunas en clave. Poco antes y después del comienzo de la era cristiana, algunas sectas judías comenzaron a guardar manuscritos hebreos, escritos sobre piel de oveja, en algunas cuevas junto al mar Muerto. Entre sus manuscritos figuraban extensos manuscritos del *Antiguo Testamento* y otra literatura religiosa. Fueron descubiertos por un pastor beduino llamado Mohammed Ed-Dhib, de la tribu de los Ta´amire, que a comienzos de 1947 encontró los primeros rollos que después se denominarían los *Papiros de Qumram*. Estos manuscritos ofrecen un testimonio muy importante para el conocimiento de la historia de los orígenes del cristianismo.

Mecanismo de defensa. Proceso psicológico automático que protege al individuo de la ansiedad y de la conciencia de amenazas o peligros externos o internos. Los mecanismos de defensa mediatizan la reacción del individuo ante los conflictos emocionales y ante las amenazas externas.

Meditación. Proceso mental a través del cual el sujeto alcanza su yo más profundo.

Meishu Sama. *El señor de la Luz*, en japonés, nació el día 23 de diciembre de 1882 en Tokio, capital de Japón, en un barrio llamado Hashiba. Fue el creador de la técnica Johrei. Hasta 1920, Meishu Sama fue un hombre común, dotado de gran inteligencia, profunda nobleza de actitudes, enorme sentido de justicia, incomparable sensibilidad artística y de un gran amor a la humanidad. Durante algún tiempo, se dedicó también a actividades comerciales con el objeto de conseguir los recursos necesarios para fundar un periódico visando a la defensa de las causas sociales. En diciembre de 1925, a la medianoche, Meishu Sama empezó a recibir las primeras revelaciones, a través de las que descubrió el gran Plano Divino para eliminar del mundo todos los infortunios, como enfermedades, pobreza y conflictos.

En los diez siguientes años se dedicó sólo a la salvación de aquellos que venían a buscarlo a través de la Luz Divina, con el exclusivo fin de la curación física. Asimismo, las personas que se le acercaban sentían inmensamente la presencia de Dios; por eso regresaban y lo recomendaban a otras personas. De esa forma, el número de sus seguidores se iba incrementando. Cuando Meishu Sama pasó al mundo espiritual el 10 de febrero de

1955, a los 72 años, ya contaba con más de 150 mil seguidores en Japón y millones en todo el mundo.

Milagro. En los Evangelios se encuentran acciones de Jesús que se califican como milagros, prodigios, signos, curaciones. Curación de dos ciegos (Mat 9, 32–33); el sordomudo (Mar 7, 31–37); el endemoniado de la sinagoga (Luc 4, 33–35); la tempestad calmada (Mat 8, 23–27); la multiplicación del pan (Jn 6, 19–21); la resurrección de Lázaro (Jn 11, 1–44). La resurrección de Jesucristo es presentada como el mayor milagro y signo de credibilidad. Es en definitiva el fundamento de la fe y la esperanza. (1 Cor 15, 4. 12–21).

Motivación. Conjunto de motivos que intervienen en un acto electivo, según su origen los motivos pueden ser de carácter fisiológico e innatos (hambre, sueño) o sociales; estos últimos se adquieren durante la socialización, formándose en función de las relaciones interpersonales, los valores, las normas y las instituciones sociales.

N

Negación. Mecanismo de defensa por el que se rechazan aquellos aspectos de la realidad que se consideran desagradables. El individuo se enfrenta a conflictos emocionales y amenazas de origen interno o externo negándose a reconocer algunos aspectos dolorosos de la realidad externa o de las experiencias subjetivas que son manifiestos para los demás. El término negación psicótica se emplea cuando hay una total afectación de la capacidad para captar la realidad.

Neurona. En el cerebro existen un conjunto de células llamadas neuronas que se comunican unas a otras mediante impulsos eléctricos. Las neuronas tienen 4 "partes" diferenciadas: el cuerpo (donde está el ADN), las dendritas (con lo que se comunican con otras neuronas mediante señales químicas), el axón (que lleva la señal eléctrica hasta los terminales) y los terminales del axón. En estos terminales están los neurotransmisores. Para comunicarse con otras células, las neuronas liberan estos neurotransmisores en la sinapsis, que es un espacio microscópico entre los terminales de una célula y las dendritas de otra. Al comunicarse estos neurotransmisores con sus correspondientes receptores en la célula vecina se produce un impulso eléctrico. De esta forma se comunica nuestro cerebro.

Neurotransmisor. Es un "Mensajero" químico que permite que una neurona excite o inhiba la despolarización (o sea, la "descarga") de otra neurona adyacente a ella.

Nivel de aspiración. Patrón subjetivo de acuerdo con el cual un individuo fija sus metas y evalúa sus logros.

O

Onírico. Relativo al mundo de los sueños.

P

Pánico. Episodio agudo de los estados de ansiedad caracterizado por un miedo intenso e irracional.

Pensamiento. Término genérico que indica un conjunto de actividades mentales tales como el razonamiento, la abstracción, la generalización, etc. cuyas finalidades son, entre otras, la resolución de problemas, la adopción de decisiones y la representación de la realidad externa.

Percepción. Función psíquica que permite al organismo, a través de los sentidos, recibir y elaborar las informaciones provenientes del exterior y convertirlas en totalidades organizadas y dotadas de significado para el sujeto.

Personalidad. Estructura psíquica de cada individuo, la forma como se revela por su modo de pensar y expresarse, en sus actitudes e intereses y en sus actos. Son patrones duraderos de percibir, relacionarse y pensar acerca del ambiente y de uno mismo. Los rasgos de personalidad son aspectos prominentes que se manifiestan en una amplia gama de contextos sociales y personales importantes. Los rasgos de personalidad sólo constituyen un trastorno de personalidad cuando son inflexibles y provocan malestar subjetivo o déficit funcional significativo.

Pesadilla. Sueños con carácter terrorífico y angustioso, que carecen de significado patológico si no son muy intensos o repetitivos.

Plano físico. Cuerpo físico. La forma física —mineral, animal, hombre o planeta— consiste de millones de átomos o células. Cada forma posee una condición de actividad constante, y cada una preserva su individualidad o identidad unidas por una fuerza central atractiva y coordinadora llamada

vida. Se debe trazar una clara distinción, sin embargo, entre el hombre sólo como una forma física, y lo que se denomina un ser humano completo.
La diferencia descansa en la dualidad del último concepto —un ser humano es considerado como una personalidad física bajo la orientación espiritual donde el alma sirve de unión entre espíritu y materia—. Aunque el
cuerpo físico tiene su propia vida, esto sólo representa vida atómica y con
falta de conciencia. Sin la dirección del alma no sería más que un autóma-
ta sin sentido. El cuerpo físico no es considerado un principio sino una
forma respondiendo automáticamente a la conciencia que se desenvuelve
en forma gradual.

La materia física en sus múltiples estados, es la expresión de la condensación de una única esencia —energía—, existente en el universo.
Las células del cuerpo son moléculas de luz y energía que actúan bajo
diferentes vibraciones y concentraciones de energía, bajo la orden de
una conciencia espiritual que lo puede liberar, trasformar y recrear.

Plano emocional. Cuerpo emocional. Es el conjunto de emociones. Éstas mismas crean un cuerpo materia similar a la energía del agua alrededor del cuerpo físico. La materia emocional es mucho más sutil que
la materia física. Aunque su ubicación es extracorpórea, las emociones
se traducen claramente en los gestos de las personas. Las energías emocionales y las energías mentales generadas por el pensamiento son muy
distintas. Ciertas maneras de pensar generan emociones, y la influencia
emocional genera pensamientos.

Las emociones creadas tendrán las características de fuerza y duración
dependiendo de cómo las vamos alimentando mediante el pensamiento.
La materia emocional de cada ser es perceptible como un halo de diversos colores en torno del cuerpo físico. Es el denominado Aura. Al definir
los colores dominantes, se puede apreciar las características emocionales
de la persona y podríamos deducir su grado de evolución. Las emociones
se transmiten con gran facilidad causando efecto en los individuos. Así,
por ejemplo, es fácil alegrar o entristecer una reunión, según la característica con la que creamos una forma emocional. La materia emocional
dirigida mediante el pensamiento consciente e inconsciente, tiene la propiedad de impregnar la materia concreta. De ahí las fuerzas que emanen
de los lugares de culto, talismanes, etc.

El cuerpo emocional humano desempeña el papel de un gran reflector, y al mismo tiempo es el espejo menos fiable, siempre distorsionando la imagen que recibe. El cuerpo graba los impulsos de todo tipo de fuerza o influencia irradiada de su entorno, y mezcla todos estos colores, movimientos, y toda forma de deseo, emoción, acción y sonido en una conglomeración confusa de impresiones.

Plano mental. El cuerpo mental. Es el conjunto de formas mentales o pensamientos. La materia mental es mucho más sutil que la materia emocional. Pertenece a los niveles menos densos de la materia. La energía mental no está localizada en el cerebro, pero el cuerpo mental, utiliza al cerebro como un ordenador de memoria. Mediante el acto voluntario del pensamiento, se procesa la energía mental y tiene su expresión en el ámbito físico-material mediante el cerebro. Las características de fuerza y duración de las formas e imágenes mentales creadas por el pensamiento, dependerán de la intensidad y constancia con que fueron creadas.

Tal efecto será positivo o negativo, según fueron creadas y, muy especialmente, repercutirán en quien las generó.

Plano espiritual. Está relacionado con las divinidades invisibles, el poder viviente, fuerza animada, esencia interna, esencia de la vida, principio animador, el todo o la totalidad o el espíritu.

Prejuicio. Actitud, creencia u opinión que no se basa en una información o experiencia suficiente como para alcanzar una conclusión rotunda. Literalmente se define como un "juicio previo".

Predicción. Saber anticipadamente algo que ocurrirá en el futuro.

Premonición. Suposición anterior sobre hechos que han de ocurrir.

Presagio. Sensación interna con la cual el sujeto anuncia un hecho que ha de ocurrir en el futuro.

Presentimiento. Intuición espontánea e involuntaria que hace prever ciertos hechos futuros.

Psique. Conjunto de las funciones sensitivas, afectivas y mentales de un individuo.

Psicoterapia. Conjunto de medios terapéuticos basados en la relación inter-
personal; a través del diálogo, y las intervenciones del terapeuta, se posibilita la superación del conflicto psíquico.

Q

Qumram. (Ver manuscritos del mar Muerto)

R

Recuerdo. Reproducción de algo vivido o aprendido anteriormente.

Reflejo. Respuesta orgánica espontánea y no aprendida.

Resistencia. Oposición inconsciente o quizá consciente a llevar al nivel
de la conciencia experiencias, ideas, afectos, etc., pasados, que provo-
carían ansiedad.

Rol. En psicología social se considera que el rol es la personalidad públi-
ca de cada individuo, vale decir, el papel más o menos predecible que
asume con el objeto de amoldarse a la sociedad de la que forma parte.

S

Sensación. Proceso por el cual los órganos de los sentidos convierten es-
tímulos del mundo exterior en los datos elementales o materia prima de
la experiencia.

Ser Celestial o Angelical. Es la energía Divina que habita en el núcleo
interno de un individuo.

Shabat. Esta palabra tiene dos connotaciones en hebreo significa: "Descansar" el sábado tiene un significado totalmente diferente para el que observa
el Shabat, el significado de la palabra es "relajarse". La otra connotación es:
El Shabat o sábado que es uno de los símbolos fundamentales del judaísmo.

Signo. Manifestación objetiva de un estado que puede ser patológico. Los
signos son observados por el clínico más que descritos por el individuo
afectado.

Simbolización. Mecanismo de defensa por el que se usa una imagen
mental o un pensamiento consciente como símbolo para disfrazar un
pensamiento inconsciente que nos produce un estado de ansiedad.

Símbolo. Cualquier estímulo representativo de una idea o un objeto distinto de él.

Somatización. Proceso por el cual se transforman o convierten problemas emotivos en síntomas somáticos.

Super Yó. Según Freud, una de las partes de la personalidad que tiene la función de formar la conciencia moral, los ideales. Se formaría en una edad temprana asumiendo el modelo de un personaje importante con el que el niño se identifica.

T

Telepatía. *Par*. Presunto poder de transmisión del pensamiento a distancia. Comunicación directa entre dos mentes. Objetivamente la telepatía es una coincidencia inexplicable por el azar, una percepción sensorial o un razonamiento consciente o inconsciente entre los comportamientos o los estados psicofisiológicos de dos individuos.

Tierra. *Teo*. El mundo terrestre, cuarto globo, el inferior de la cadena planetaria designado con la letra D. Los seis globos restantes están situados: tres en el lado de la curva descendente (involución) y tres en la ascendente (evolución). *Ros*. El globo denominado D es la actual Tierra, situado en los cuatro estados más densos de materia: la región del pensamiento concreto, el mundo del deseo y las regiones química y etérea.

Tinieblas. Simbólicamente, las tinieblas (anteriores al Fiat Lux) expresan el estado de las potencias no desenvueltas que dan lugar al caos. La luz es el principio de la diferenciación y de la orden jerárquica. En vez, la oscuridad proyectada en el mundo ulterior a la aparición de la luz es regresiva. Por ello se la identifica tradicionalmente con el principio del mal y con las fuerzas inferiores no sublimadas.

Transmutación. Cambiar una forma o sustancia en otra. La expresión "transmutación mental" se emplea generalmente en la literatura espiritual para definir el cambio de pensamientos negativos en positivos. Término muy usado para denominar la transformación de metales bajos en oro.

U

Universo. Nuestro Universo es sólo uno de un número infinito de ellos. Un eslabón de la gran cadena cósmica.

Uno. Símbolo de la Unidad, la primitiva esencia, el origen de la vida. Equivale al centro, al punto no manifestado, al poder creador. El Uno es una luz que se esparce en rayos que volverán después a su punto de origen. Es llamado el número del Padre.

V

Vampirismo. El vampirismo es una forma de relación patológica física, emocional o mental en el contacto con nosotros mismos o con los demás.

El vampiro es nuestra parte más oscura, posee todas las carencias y sombras que generan las relaciones conflictivas, llenas de culpas, de necesidades nunca satisfechas. Es esa zona de nuestro interior que se presenta adicta o dependiente a otras personas o a cualquier objeto que genere alguna emoción.

Al mismo tiempo que escapamos de nuestras partes más sombrías, vamos criando y nutriendo interiormente un vampiro grande y voraz que exige cada vez más "alimento".

Vampiro. (Del servio *vampir*). Espectro o cadáver que, según cree el vulgo de ciertos países, va por las noches a chupar poco a poco la sangre de los vivos hasta matarlos. Murciélago que es del tamaño de un ratón y tiene encima de la cabeza un apéndice membranoso en forma de lanza. Anda con facilidad, se alimenta de insectos y chupa la sangre de las personas y animales dormidos. Persona codiciosa que se enriquece por malos medios, y como chupando la sangre del pueblo.

Vibración. Tercer principio fundamental de la filosofía Hermética, según el cual "nada está en reposo absoluto pues todo se mueve y todo vibra".

Visión etérea. Extensión de la vista física en el mundo etérico, que no debe confundirse con la clarividencia. Tal vez podría decirse que es el aspecto o nivel más inferior de la misma.

Voluntad. La facultad psíquica que tiene el individuo para elegir entre realizar o no un determinado acto. Depende directamente del deseo y la intención de realizar un acto en concreto.

W

Website. Página web. Mi página para que le lector pueda preguntar en forma gratuita y comentar sus experiencias con este libro es www.mabeliam.com.

Y

Yo. Afirmación de conciencia del hombre como ser racional.

Yo individual. El Ego, Espíritu o Yo Superior, la entidad o chispa divina indestructible que reencarna o renace en vidas sucesivas en el plano material.

Yo personal, ego. El yo inferior o perecedero. Según Freud, es el "principio de realidad", es consciente y tiene la función de la comprobación de la realidad, así como la regulación y control de los deseos e impulsos provenientes del Ello. Su tarea es la autoconservación y utiliza todos los mecanismos psicológicos de defensa.

Yo superior. El supremo espíritu divino a alma, el rayo inseparable del Yo universal; la corona de la tríada superior en el hombre.

Z

Zen. (Jap.). Proceso de meditación o contemplación. Resultados alcanzados en experiencias o estados de conciencia que están más allá de la percepción humana pero que resultan accesibles por la técnica de la meditación.

Zodíaco. (Gr.). Zona o faja imaginaria celeste situada a ambos lados de la eclíptica, de unos 16 grados de anchura y dentro de cuyos límites recorren sus órbitas aparentes el Sol, la Luna, los planetas y las estrellas de doce constelaciones. Esta zona se encuentra dividida en doce regiones de 30 grados de longitud que reciben el nombre de signos del zodíaco y corresponden a las doce constelaciones que recorre el Sol en su curso anual aparente, a saber: Aries, Tauro, Géminis, Cáncer, Leo, Virgo, Libra, Escorpio, Sagitario, Capricornio, Acuario y Piscis.

Zoroastro. Predicó la alabanza monoteísta, quien fue el creador de dos otros espíritus —uno bueno y el otro malo—. El Zoroastrianismo dualístico clásico, que puso Ahura Mazda contra el malévolo Ahriman, desarrolló en el período Sassianiano (226–652 d. de C.). Luego el Zoroastrismo también desarrolló una doctrina de un Saoshyan (Salvador) quien resucitaría a los muertos. Zoroastro no se presentó como el redentor. Cuando sus oraciones llaman al redentor que va a renovar la existencia, se refiere al príncipe que aceptará a su doctrina y realizará el Dominio de la Justicia y la Buena Mente. En su juventud él asombró con su extraordinaria sabiduría a otros sabios. Cuando él tenía 30 años comenzó su ministerio. Tentado en el desierto por el demonio. Desalojó a los demonios. Le devolvió la vista a un hombre. Reveló todos los misterios del Cielo, del Infierno, de la Resurrección, del juicio, de la Salvación y del Apocalipsis. Sus fieles celebraban la Eucaristía por medio de una sagrada comida. Se lo denominaba "La Palabra hecha Carne".

TABLA PARA LA EVALUACIÓN DE LOS TEST

Test: ¿Te sientes protegido por tu Ángel guardián?

1. a): 1 punto
   b), c), d): 0 puntos

2. a), b), c), e): 0 puntos
   d): 1 punto

3. a): 1 punto
   b), c), d): 0 puntos

4. a): 1 punto
   b), c), d): 0 puntos

5. d): 1 punto
   a), b), c): 0 puntos

6. a): 1 punto
   b), c), d): 0 puntos

7. a): 1 punto
   b), c), d): 0 puntos

8. c): 1 punto
   a), b), d): 0 puntos

9. c): 1 punto
   a), b), d): 0 puntos

10. e): 1 punto
    a), b), c), d), f): 0 puntos

11. d): 1 punto
    a), b), c): 0 puntos

12. d): 1 punto
    a), b), c): 0 puntos

Test: ¿Cuál es la fuerza Angelical qué necesitas invocar?

Para obtener el resultado de tu puntaje, cuenta y escribe la cantidad de veces que respondiste:

Verdad:

A veces:

Falso:

Ahora revisa cuál de las tres respuestas tuvo mayor peso en este test. Esa es la que debes buscar para leer la que te corresponde.

BIBLIOGRAFÍA

Anand, Margot. *The Art of Everyday Ecstasy*. Broadway. New York: 1998.

Anglada, Vicente Beltrán. *Magia Organizada*. Editorial Kier, Buenos Aires, 1986.

Bailey, Alice. *El discipulado en la nueva era*. Tomo II. Editorial Kier, Buenos Aires, 1978.

——. *La educación en la Nueva Era*, Editorial Kier, Buenos Aires, 1975.

——. *La exteriorización de la Jerarquía*. Editorial Kier, Buenos Aires, 1977.

——. *De Belén al calvario*. Editorial Kier, Buenos Aires, 1975.

——. *Del intelecto a la intuición*. Editorial Kier, Buenos Aires, 1979.

——. *Espejismo: un problema mundial*. Editorial Kier, Buenos Aires, 1976.

——. *Iniciación humana y solar*. Editorial Kier, Buenos Aires, 1981.

——. *Cartas sobre la meditación ocultista*. Editorial Kier, Buenos Aires, 1979.

——. *La luz del Alma*. Editorial Kier, Buenos Aires, 1976.

——. *Los problemas de la humanidad*. Editorial Kier, Buenos Aires, 1980.

——. *La reaparición del Cristo*. Editorial Kier, Buenos Aires, 1976.

——. *El alma y su mecanismo*. Editorial Kier, Buenos Aires, 1977.

——. *Telepatía y el vehículo etérico*. Editorial Kier, Buenos Aires, 1976.

——. *Tratado sobre fuego cósmico*. Editorial Kier, Buenos Aires, 1978.

Besant, Annie. *El Yoga*. Editorial Kier, Buenos Aires, 1978.

Castaneda, Carlos. *The Fire from Within*. Simon and Shuster, New York: 1984.

——. A *Separate Reality*. New York, 1911.

Caddy Ellen. *Dios me Habló*. Online book, 2003.

Chopra, Deepak. *Las siete leyes espirituales del éxito*. Editorial Edaf. Madrid, 1998.

——. *Tú eres inmortal*. Editorial Edaf. Madrid 1999.

——. *Boundless Energy*. Randon Hose, New York, 1997.

Clarke, Martha. *Gran diccionario de los Sueños*. Publisher Océano Ámbar, España 1994.

Eliade, Mircea. *Shamanism: Archaic Techniques*. Princeton University Press, NJ, 1964.

Fromm, Erich. *The Sane Society: W.W. Norm*. New York, 1965.

Halifax, Joan. *Shaman: The Wounded Healer*. New York, 1982.

Iam, Mabel, *El sueño del amor*. Editorial Llewellyn, St. Paul, MN, 2004.

———. *El amante perfecto*. Editorial Llewellyn, St. Paul, MN, 2003.

———. *¿Qué hay detrás de tu nombre?* Editorial Llewellyn, St. Paul, MN, 2002.

———. *El Don De La Diosa*. Editorial Mega Libros, Buenos Aires, 2000.

———. *Escrito para vivir*. Corpo Solar, Buenos Aires, 1997.

———. *Tocando el Cielo con las Manos*. Editorial Latinoamericana. Buenos Aires, 1999.

———. *Tus protectores y Guardianes de cada día*. Editorial Latinoamericana. Buenos Aires, 1999, 2000.

———. *Mano a mano con tu sabio interior*, Editorial Latinoamericana. Buenos Aires, 1999.

———. *Sanación con tus Ángeles*. Editorial Vinciguerra. Buenos Aires, 1995.

———. *Guía con los Ángeles*. Corpo Solar. Buenos Aires, 2001.

———. *Diccionario de Nombres con sus Ángeles*. Editorial Planeta, Buenos Aires, 1996.

———. *El Vampirismo*. Editorial Planeta, Buenos Aires, 1997.

———. *Cambia tu destino*. Editorial Perfil. Buenos Aires, 1997.

———. *Las zona oculta de tu signo*. Editorial Perfil. Buenos Aires, 1999.

———. *Manual de Conquista*. Corpo Solar. Buenos Aires, 2001.

———. *Tao del sexo y el Amor*. Editorial Planeta, Buenos Aires, 2000.

———. *Las zonas erógenas de tu signo*. Editorial Perfil. Buenos Aires, 1998.

Jung C.G, *Formaciones de lo Inconsciente*. Editorial Paidós, Buenos Aires. 1980.

———. *Símbolos de transformación*. Editorial Paidós, Buenos Aires, 1982.

———. *Relaciones entre el yo y el inconsciente*. Paidós. Buenos aires 1987.

———. *Energética Psíquica y Esencia del Sueño*. Editorial Paidós, Buenos Aires, 1982.

Kahlil Gibran. *El Profeta*. Editorial Planeta, Buenos Aires, 1987.

Kehl, Richard. *Silver Departures*. La Jolla: Green Tiger Press, 1983.

Krishnamurti, *La libertad primera y última*. Kairós, Barcelona, 1996.

——. *Diario*. Edhasa, Barcelona, 1990.

——. *Sobre el miedo*. Ed. Edaf. Madrid, 1995.

La Biblia on line, e–book. 2003.

Lessing, Doris. *Prisons We Choose to Live Inside*. New York, 1988.

Mallasz G. *La Respuesta del Ángel*. Editorial Urano, Barcelona 1990.

Mokichi Okada. *Cimientos del Paraíso*. Volumen 1, 2. Collected writings. Johrei Felloship.com. Los Angeles, 1995.

——. *Luz de Oriente*. Editorial Lux Orines . Atami, Japón 1967.

——. *Foundations of Paradise*. Collected writings. Johrei Felloship.com. Los Angeles, 1995.

Plimpton, George, ed. *Writers at Work: Second Series*. USA, 1963.

Rumi, Jelaluddin. *The Ruins of the Heart*. Traduc. Edmund Putney, Threshold Books, 1981.

Saint-Exupery, Antoine De. *El Principito*. Harvest Books. USA 1995.

Szekely Bordeaux Edmond. *El libro de los Esenios*. Editorial Sirio, Malaga, 1992.

——. *Las enseñanzas de los esenios desde Enoch hasta los rollos del mar Muerto*. Editorial Sirio, 1996.

Quinn Gar. *May the Angels Be with You: Access Your Spirit Guides and Create the Life You Want*. Powell's Books, USA, 2000.

Triguerinho. *El Encuentro del Templo*. Editorial Kier, Buenos Aires, 1997.

——. *Encuentro interno (la conciencia nave)*. Editorial Kier, Buenos Aires, 1998.

——. *La voz de Amhaj*. Editorial Kier, Buenos Aires, 1994.

——. *Léxico esotérico*. Editorial Kier, Buenos Aires, 1994.

——. *Mirna Jad, Santuario Interior*. Editorial Kier, Buenos Aires, 1991.

Richard Webster

QUIROMANCIA PARA PRINCIPIANTES

Realice fascinates lecturas de la mano a
cualquier momento, y en cualquier lugar.
Conviértase en el centro de atención con sólo
mencionar sus habilidades como adivinador.
Una guía que cubre desde las técnicas básicas,
hasta los más recientes estudios en
el campo quiromántico.

5³⁄₁₆" x 8" • 240 págs.

0-7387-0396-6

Octavio Déniz

CÓMO ENTENDER SU CARTA ASTRAL

La carta astral es la herramientamás eficiente
para interpretar la relación entre el
ser interior y el universo.
Cómo entender su carta astral le enseñará a
entender los elementos que conforman
la carta astral para comenzar una exploración
fascinante hacia el universo interior.

7½" x 9⅛" • 312 págs.

0-7387-0215-3

MABEL IAM

¿Qué hay Detrás de tu Nombre?

DESCUBRE TU DESTINO

ÁNGEL PROTECTOR

COMPATIBILIDAD ASTROLÓGICA

Mabel Iam

¿QUÉ HAY DETRÁS DE TU NOMBRE

Mabel revela en esta obra cómo emplear las cualidades y los poderes en nuestro nombre para fortalecer el autoestima y mejorar las relaciones con los demás. Contiene el significado de las letras, la personalidad detrás de los nombres, el Ángel correspondiente para cada nombre y su compatibilidad astrológica.

5³⁄₁₆" x 8" • 384 págs.

0-7387-0257-9

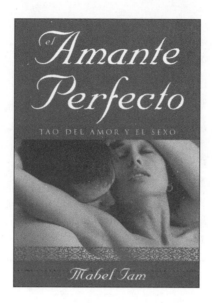

Mabel Iam

EL AMANTE PERFECTO

Las enseñanzas del Tao, el Tantra y el kamasutra lo ayudarán a materializar la armonía, la felicidad y el placer sexual en su cuerpo y espíritu. Este es el camino directo hacia el éxtasis y el amor con su pareja.

6" x 9" • 192 págs.

0-7387-0314-1

Maria Shaw

EL DESPERTAR ESOTÉRICO

La única guía esotérica creada para adolescentes
entre 12 y 18 años. Maria Shaw ha aparecido
recientemente en programas populares de la televisión norteamericana —*Blind Date* y
Soap Talk—. Mediante esta magnífica obra,
la autora ayuda a los jóvenes de hoy a conocerse
a sí mismos por medio del zodiaco y otros temas populares de la Nueva Era.

7½" x 9⅛" • **336 págs.**

0-7387-0511-X

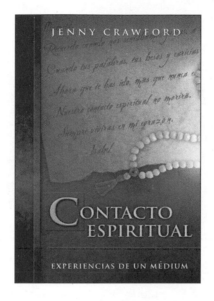

Jenny Crawford

CONTACTO ESPIRITUAL

Evidencias de la vida después de la muerte.

En esta obra, un médium comparte información sobre el mundo que nos espera después de la muerte. Cada capítulo contiene mensajes que reconfortan el corazón de aquellos que han perdido a un ser querido.

5³⁄₁₆" x 8" • 240 págs.

0-7387-0289-7

¿QUÉ LE GUSTARÍA LEER?

Llewellyn Español desea saber qué clase de lecturas está buscando y le es difícil encontrar. ¿Qué le gustaría leer? ¿Qué temas de la Nueva Era deberían tratarse? Si tiene ideas, comentarios o sugerencias, puede escribir a la siguiente dirección:

alexandern@llewellyn.com

Llewellyn Español
Attn: Ximena, Adquisiciones
P.O. Box 64383-0383
St. Paul, MN 55164-0383
USA

1-800-THE MOON
(1-800-843-6666)